미완의 설치미술

최병호 수필집

미완의 설치미술

수필과비평사

❑ 머리말

창가에 앉아서 보면 철 지주에 묶여서 꺽다리로 자란 능소화 나무들이 담을 따라 길게 정자나무 숲을 이루고 있다. 새들과 매미들이 그걸 숲이랍시고 해마다 찾아와 여름잔치를 한다.

그늘진 그 담벼락이 너무 휘영해서 넝쿨식물이라도 심어볼 양으로 큰 지주 사이사이에 담 높이만 한 나무 지주를 단단히 꽂았다. 가까운 문우가 준 더덕 분을 거기 옮기고 넝쿨을 조심스레 얹었다. 늦은 이식이었는데도 분토墳土가 모토母土에 잘 안겨주었다.

흑갈색 지주에 초록 넝쿨이 감겨 오르고 노란 꽃이 벙글거리면 숲과 더불어 조촐한 설치미술이 하나 탄생하지 않을까, 그런 기대를 했다.

어느새 담 위까지 오른 넝쿨이 목을 길게 빼고 방향을 찾고 있었다. 섣불리 손댈 계제가 아니어서 앞머리만 대강 잡아주었다. 노란 잎이 몇 개 눈에 띄기에 잎을 뒤집어보니 하얀 점들이 다닥다닥하다. 즉각 살충제를 뿌렸다. 그러나 그것은 '빈대 잡으려다 초가삼간 태운 격'이 되고 말았다. 시나브로 잎이 시들어서 그대로 말라버리는 줄 알았다.

그쪽으론 사뭇 고개도 돌리지 못했다. 치열하게 피고 지는 능소화를 새삼 감탄하다가 문득 거기에 눈길이 닿았다. 저건? 눈을 비비고 다시 보았다. 여린 넝쿨이 능소화나무를 감아 오르고 있지 않는가! 나는 맨발로 쫓아나갔다. 어쩌면 숨은 채, 저렇게 자양을 공급했구나! 몇 개의 꽃망울이 자랑스럽게 나를 굽어보며 웃었다.

가을엔 소중히 씨앗을 받아 두고 흙도 잘 뒤집어서 바래야지. 내년엔 기필코 향내까지 은은한 설치미술을 창조해 봐야지….

여기 모은 글들은 거의 내년을 기약해야 할 더덕 넝쿨 같은 것들이다. 컴퓨터 교체과정에서 저장되어 있던 원고들이 살충제 먹은 넝쿨 잎이 되어버렸으니 말이다. 나는 '어설픈 것, 오히려 잘 되었다.'고 자위했다. 컴퓨터 도사인 한 문우가 '그럴 순 없는 일'이라며 발표지가 빤하니 복원하겠다고 나섰다. 이러구러 1년여. 마침내 그것들이 내게 돌아왔다. 꺄우뚱해지는 낱말들, 문절들, 단락 등에 눈총을 쏟기 그렁저렁 또 반년 남짓. 그래서 유다른 면도 없지 않지만 그것은 결국 내년을 기다려야 하는 미완의 설치미술이 되고 말았다. 독자 여러분의 따뜻한 질정을 기대해 마지않는다.

애써 원고를 복원해준 김종명 문우와 이를 책으로 묶어주신 서정환 사장님께 거듭 고마운 인사말씀을 드린다.

2005년 가을

성심루에서 **최 병 호**

❑ 목차

1. 차창 가에서

2. 적시타

3. 목도장

4. 미망의 징검다리

5. 팽낭거리

6. 사랑의 단상

1 · 차 · 창 · 가 · 에 · 서

숲을 바라보며

창을 열면 저만치 숲이 보인다. 언제나 느긋한 모습이다. 한자리에 붙박여 있는데도 어떤 때는 가까이 보이고 또 어떤 때는 멀리 보인다. 그것은 무엇을 말하는 것일까. 숲은 엽록소 빛깔이 그 바탕이다. 철따라 옅기도 하고 짙어지기도 한다. 연두나 초록이다가 빨강, 노랑으로 물드는가 하면 순백의 너울을 쓰기도 한다. 그것은 또 무슨 의미일까.

숲은 사람이 만든 '빌딩의 숲'을 어떻게 보고 있을까. 밤이면 더욱 현란해지는 그 변용을 기특하다고 할까, 역겹다고 할까. 동네 변두리는 물론, 강가든 냇가든 어디 빈 곳만 있으면 아파트를 세워대는 사람들. 그들은 하루가 멀다고 숲의 영지領地를 쳐들어가 아스팔트 큰길을 내고 드높은 단지를 조성하고 있다. 그리하여 그 많은 창문들을 마치 카메라처럼 들이대고 숲의 정령精靈을 즐기고 있다. 숲은 이런 사태를 어떻게 생각할까. 주제넘게도 나는 그런저런 생각들에 젖어 머쓱해질 때가 있다.

나는 심심찮게 숲을 예방한다. 꼭 그럴 필요가 있어서만은 아니다. 산책이나 등산 클럽에 끼여 무심히 갔다 오는 경우가 많다. 어느 경우가 됐건 숲에 가까이 다가서면 숲은 어느새 사라지고 가던 길이 문득 나무터널로 바뀐다. 그 길은 때에 따라 찬바람이 휘돌기도 하고 따뜻한 기운이 감돌기도 한다. 섬뜩한 귀기鬼氣를 느끼기도 하고 유혹 같은 달램에 젖기도 한다. 한참 걷다 보면 무슨 '마법의 성'에라도 갇힌 것처럼 가슴이 두근거리기 일쑤다.

숲 속엔 나무들이 지천으로 얽혀 있다. 밖에서 상상했던 것처럼 그 모습이 다 미끈미끈한 것들이 아니다. 빛깔도 모두 선명하고 생기 있는 게 아니다. 굵은 놈, 가는 놈, 굽은 놈, 벼락 맞은 놈, 어정쩡하게 넘어져 있는 놈, 뿌리를 드러낸 채 신음하는 놈, 선 채로 말라가는 놈, 그렇게 죽은 놈, 썩어버린 놈들이 저마다의 색조로 천태만상이다.

사이사이엔 풀과 덩굴이, 어지럽고 음습한 곳엔 버섯들이 한껏 독기를 내뿜고 있다. 잎과 꽃들이 피고 지고, 열매들이 매달려 자라고 익고 떨어진다. 새들이 날고 짐승들이 활개를 친다.

숲 속은 마치 강제수용소 같다. 도처에 무리지어 돋아난 나무들이 그대로 줄기를 세워 빽빽해진 탓이다. 이른바 '거주 이전의 자유'를 누리지 못한 터라 자랄수록 공간이 좁아지고 부딪치고 삐걱거릴 수밖에 없다. 크게 자란 나무들은 한껏 가지를 뻗쳐 '하늘 밭'을 넓게 갈고 대기의 자양을 흠뻑 받지만 그렇지 못하거나 그 속에 아예 갇혀버린 나무들은 나날의 목숨부지도 힘겨운 형편이다. 북적대는 그런 모습들이 꼭 무슨 수용소 같은 느낌을 주는 것이다.

허위허위 나무터널을 땀 흘려 오르다가 문득 산마루로 빠져나가면 사방이 확 트인다. 숲과 전망이 한꺼번에 달려든다. 위로 보이는 숲은 멀리 스카이라인에 걸려 있고 아래로 보이는 숲은 총총히 내리닫다가 들을 만나 뚝 끊긴다. 넓게 펼쳐진 들판, 크고 작은 마을들이 섬처럼 떠 있고 그 사이를 은빛 강이 가로질러 흐른다. 너머엔 다시 들, 전설 같은 솔 무더기도 몇 군데 있다. 멀리 나직한 산들이 방어진처럼 하늘을 긋고 있다.

산마루에 서면 망망대해에 뜬 기분이다. 멍울멍울 나뭇가지를 감싸고 있는 크고 작은 잎사귀들의 물결이 사방팔방에서 몰려온다. 아니, 능성이 하나하나가 그대로 거대한 파도더미 같다. 금방 쓸려버릴 것 같은 두려움이 일렁이기도 한다. 어찌 보면 파도가 아니라 뭉게구름 사이에 붕 뜬 것 같은 기분이기도 하다. 철따라 그 색조와 분위기는 다르지만 웅장하고 막힘없는 아름다움은 언제나 풍성하다.

"나무는 숲을 보지 못하게 한다"는 서양 속담이 있다. 숲 속에 들어가 보면 그 뜻이 무엇인지 바로 짐작이 된다. 그러나 숲이 보이는 지점에 서게 되면 사정이 또 달라진다. 숲이야말로 나무를 보지 못하게 하고 있다는 사실을 금방 알아차릴 수 있다. 서로 '보지 못하게 하는' 그 심지를 가만히 상상해 보면 참 신묘한 생각이 든다. '나무도 보고 숲도 보고'란 사람의 육안으로선 아예 불가능한 일이 아니던가.

숲은 나무의 너울이다. 느긋하고 아름답고 신비로운 너울이다. 나는 나무보다 그 너울을 즐겨 바라본다. 나무 보기는 생각보다 쉽지 않다. 그것은 결국 그것을 다루는 목수나 조각가들의 몫으로 돌릴 수밖에 없다. 숲 보기는 그런 전문적인 지식이 없어도 그림 보듯 그냥 편안하게 볼 수 있다. 그림 속에 스민 의장이랄까 뜻을 찾아보는 것처럼 너울 속의 여러 모습을 상상해 보는 것만으로도 마냥 흐뭇할 수 있다. 설사 그것이 엉뚱한 그림이 될지라도.

창문을 열면 숲이 와락 이마에 와 닿을 때가 있다. 나는 그런 현상을 한동안 갸우뚱했다. 그러나 우연히 너울에 묻힌 많은 나무들이 얼마나 답답하고 견디기 힘들까 하는 그런 생각을 퍼뜩 하면서 혼자서 무릎을 쳤다. 그렇다. 그것은 그것들이 사람에게 '청명한 날을 골라' 무엇인가를 호소하는 것이 아니냐고.

나무들은 숲을 탈출하고 싶었을 것이다. 아니, 짐승이나 새들처럼 자유롭게 움직이고 날고 싶었을 것이다. 그리하여 너울의 이파리들을 단풍으로 곱게 단장하여 새처럼 사방팔방으로 날게 한 것이 아니던가! 씨앗 속에 몸을 숨긴 채 열매들을 익혀 짐승이나 새들의 먹이가 되어, 그 뱃속을 타고 긴 여행을 떠나는 것이 아니던가!

그렇다면 사람들은 나무들의 그 공들인 나들이를 얼마나 줄기차게 방해하고 있는 것인가. 짐승이나 새들의 길목에 독이 든 먹이를 뿌리고, 갖가지 덫을 놓고, 깊숙한 허방을 파서 그 속에 빠지도록 유인하고 있으니 말이다. 아니, 직접 총을 쏘아대는가 하면 굉음을 울리며 숲 자체를 파헤치고 절단하기 일쑤 아닌가.

사람들은 그러면서도 숲을, 단풍을, 산을 사랑한다고 말한다. 숲은 그런 앞뒤의 사연들을 말하자면 거리의 '원근법'으로, 때로는 빛깔을 달리하는 '조명'으로 줄곧 사람들을 일깨우던 것이 아닐까.

숲은 적당한 거리를 두었을 때 태어난다. 숲은 나무들의 특이한 이동을 말없이 부추기고 숲을 숲으로 바라볼 줄 아는 여유와 덕성을 가진 분들의 차지이다. 나는 숲을 바라볼 때마다 사람과 사람 사이의 관계를 이리저리 곱씹게 된다.

(2001)

잡풀에 대한 서정

정원이 없는, 마당만 휑뎅그렁한 집. 나는 그런 집에서 하냥 마당을 쓸며 자랐다. 널브러진 허드레쓰레기를 아래마당 두엄자리까지 쓸어 붙이는 일은 노상 수월한 것만은 아니었다.

장마가 지나고 나면 사방팔방에 돋아난 풀부터 뽑아야 했고 또 그 자리를 고르게 밟아야만 했다. 할아버지는 돌담 아래 군데군데 마련한 호박 구덩이 하나까지도 풀 한 포기 끼는 것을 용인하지 않으셨다.

아줌마들이 품앗이로 밭매기하는 곳을 따라가 보았다. 고추밭이건, 콩밭이건 작물 주변의 풀은 모조리 뽑아냈다. 더러 뿌리는 뽑히지 않고 줄기만 뜯기는 경우도 있었다. 누구의 입에서라고 할 것 없이 '이 원수 놈의 풀'이란 말이 빈번히 쏟아졌다.

머슴들이 주축이 되는, '논 지심(김) 매기'도 다를 것이 없었다.

잎이 무성한 포플러 몇 가지를 양산인 양 등에 꽂고 엎드려, 벼포기 사이사이를 모조리 훑어서 지심이 한 손아귀에 차면 이를 논바닥 깊숙이 쑤셔 넣곤 했다. 바닥이 좀 깊어서 물이 제대로 빠지지 못한 곳은 일이 대강대강 해지게 마련이었다. 그럴 때마다 할아버지로부터 '비싼 밥 묵(먹)고 매라는 지심은 매지 않고 구정물만 일고 다녔다.'고 크게 걱정을 들었다.

논밭 간에 풀 뽑기란 내가 하는 마당일과는 비교가 되지 않는 일이었지만 어떻든 잡풀은 짙어지면 제거해 버려야 할, 아니 아예 돋아나지 말아야 할 매우 귀찮은 존재였다.

'만석꾼 손자'라고 부르는, 같은 반 친구 집엘 따라간 일이 있었다. 집이 화엄사만 해서 우선 놀랐다. 마당도 운동장만 하려니 했는데 뜻밖에 정원이라고 하는 것이 집을 에워싸고 있어서 또 한번 놀랐다. 특히 동쪽과 아래채 앞 남쪽 공간의 정원은 신천지였다. 크고 작은 나무들과 온갖 풀들이 싱싱했다.

저 풀은, 하고 말문은 여는데 재빨리 친구가 가로챘다.

"아– 그것, 우리 과원果園 기술자가 가끔 일꾼과 함께 와서 나무 전정도 하고 화초 손도 보고 잡풀도 다 매주고 그래."

"잡풀?"

"음, 자꾸 잔디나 꽃나무 새에 끼어들어 거름만 빨아먹는, 바랭이 같은 것 말이여…."

친구는 아는 것이 참 많다는 생각을 했다.

퍼뜩 친구 집을 가운데 두고 사방팔방으로 옹기종기 펴져나간 우리 동네 초가들이 어쩌면 있어봐야 별수도 없는 잡풀 같은 존재가 아닌가 하는, 참으로 엉뚱한 생각이 들어 혼자서 낯을 붉혔다.

나는 그 친구 집에서, 소박하나마 정원사는 특별히 그가 가꾸고 있는 나무나 화초, 잔디 등을 제외하고는 다 잡풀로 여긴다는 사실을 알게 되었다. 나나 아줌마들이나 머슴들이 기를 써 마지않고 뽑고 있는 마당 풀, 밭풀, 논풀 따위와는 그 차원이 다른 것 같이 느껴졌다.

선택된 풀들은 좋은 환경 속에서 기름지게 자라고 있다. 그러나 그렇지 못한 풀들은 싸잡아서 잡풀이란 이름으로 잘리고, 뽑히고 버려지고 있다. 그런데도 그것들은 전혀 움츠러들 줄을 모른다. 잎 하나, 싹 한 촉, 뿌리 한쪽으로도 기를 쓰고 다시 축복처럼 살아나고 있다. 이를 어떻게 풀어야 할까.

'깔다니 논'에서 본 일이다. 논둑에서 누가 풀을 깎고 있었다. 할아버지가 "누구 맘대로 풀을 베냐. 방천이 무너지면 네가 쌓아 줄 것이냐. 당장 나가라!"고 호통을 치셨다. 나는 얼른 이해가 되지 않았다. 뜨악한 내게 "방천이 탄탄할라면(하려면) 풀뿌리가 꽉 째어야 한다. 풀을 잘 길러야 해. 베는 것도 때를 봐서 주인이 찬찬하게 하고. 파이거나 꺼진 디(데)가 있으면 바로 메우고 단단히 닦달을 해야 하는 것이여. 그 풀은 깔(꼴)도 되고 또 거름도 되는 것 아니냐. 우리 것을 왜 넘(남)이 넘보게 해." 할아버지의 이런 말씀은 내게 잡풀의 가치를 눈뜨게 하는 좋은 계기가 되었다. 무엇보다 우리 꼴머슴과 상머슴이 날마다 망태기와 바지게에 수시로 베어 나르던 그 풀들이 다 이 '잡풀'인 것을 나는 사뭇 모른 채 무심했다.

풀이 깎인 둑을 굽어보았다. 풀의 높이가 한결같이 고만고만하다. 아마도 무수히 깎였던 탓일 것이다. 날카로운 낫날에 밑동이 무참하게 잘리는 동안 큰 풀들은 자연히 죽거나 스스로 엎디게 되었을 법하다. 뿌리들이 사방으로 얽히면서 자연히 흙의 유실을 막게 되고 잎도 그만큼 부드러워진 것이 아닐까, 그런 생각이 들었다.

오늘의 축구장이나 골프장이 이런 이치의 과학적 적용이 아니겠는가. 융단처럼 곱게 보이는 그 풀밭은 기술과학이 만든 정교한 기기에 의해서 규칙적으로 잘리고 있다. 아예 잎이 높게 자랄 겨를이 없는 것이다. 뿌리가 그럴 수 있는 공간을 찾아 팔방으로 내뻗지만 그것을 결국 그곳을 쫀쫀하게 덮는 망을 만들어 줄 뿐, 잎은 노상 융단의 털 높이를 넘을 수가 없지 않는가. 이 균제均齊를 뭐라고 해야 할까.

축구나 골프를 하는 사람들은 그 풀밭을 그들의 안전판安全瓣이라고 한다. 그리고 그 풀빛을 더없는 위안이라고 한다. 그러나 그 색조는 실상 얼마나 단조로운 것인가. 다투어 자라고 시새워 나풀대는 이른바 잡풀에 비하면 권태롭기까지 하지 않는가.

따지고 보면 농사꾼이나 정원사가 필요에 의해서 선택한 그 풀은 그들이 제거 대상으로 여긴 이른바 잡풀 속에서 골라낸 것들이다. 또 언제 무슨 필요에 의해서 무슨 풀을 골라내게 될지는 아무도 모른다. 잡풀은 그래서 더 아껴야할 '보고'가 아닌가 싶다.

내가 만일 옛 고향집처럼 넉넉한 마당이 있는, 그런 집에서 다시 살 수 있다면 나는 친구 집 정원과는 달리 한편에 묵정밭 같은 공간은 두고 싶다. 잡풀이 저절로 모여든 '자연정원'이 되게. 그 생명이 어떻게 나풀거리고 어떤 꽃을 피우고, 무슨 벌레 무슨 새들을 꼬여 들이는지 눈여겨보고 싶다. 아니, 무지개를 가슴에 안고 입새마다 함초롬히 내리는 아침 이슬의 그 사연을 절절히 물어보고 싶다.

나는 흙이라면 아무데도 가리지 않고 뿌리를 내리는 잡풀의 그 흙 사랑을 사랑한다. 그 넋처럼 펄럭이는 잎의 건강한 서정을 다함없이 좋아한다.

(2002)

철새

철새 하면, 멀다는 말부터 떠올려진다. '머-ㄹ고 먼-'이라는 할머니의 사실적인 설명이 지금도 귓전을 맴돌고 있기 때문이다. 그때 나는 그곳이 얼마나 먼 곳인지 가늠하지도 못하면서 그 어감이 주는 그리움 같은, 묘한 신비감에 빠지곤 했다.

철새는 이름 그대로 철따라 삶의 터전을 옮겨가며 사는 새다. 여름 철새와 겨울 철새가 있다. 번식기엔 깊은 산에서 살다가 가을부터 이듬해 봄까지는 평지에서 사는 떠돌이새가 있는가 하면 아예 이 땅엔 발도 딛지 않은 채 지나가기만 하는 나그네 철새도 있다.

따뜻한 햇볕을 몰고 온 대표적인 철새는 아무래도 제비다. '강남 갔던 제비가 돌아오면' 그것은 곧 희망이었다. '홍부의 행운'이 우리 집에도 꼭 심어질 것 같아서다. 나는 신준이 아재를 졸라서 제비집 밑에 받쳤던 판자를 잊지 않고 다시 손보게 했다.

언젠가 제비가 돌아오지 않은 해가 있었다. 신준이 아재가 "그 제비, 갈 때 아니면 올 때 죽은 거다."라고 말했다. 나는 "아니야. 머슴이 그런 걸 어찌 알아?" 하고 반격했다. "호야, 내가 네 아쉬울 땐 아재고, 아닐 땐 머슴이냐?" 하고 신준이 아재가 말꼬리를 잡고 늘어졌다. 그 시비는 결국 '아재 시키는 대로 하겠다.'는 나의 일방적인 양보로 일단락되었다.

아재는 바로 남새밭 가에 작은 구덕을 하나 파라고 지시했다. 복종할 수밖에. 뒤따라온 아재는 이상한 뭉치 하나를 그 속에 던지더니 묻으라고 했다. "제사를 지내야 할 것 아니냐. 제비 시신이 없으니 그 집이라도 묻고…. 아재 하라는 대로 해! 절 두 번 해." 나는 어리둥절한 가운데 큰절을 했다. "제비야, 저승에서도 잘 살아라. 좋은 일 한 사람에게 보물 박씨 잘 물어다 주고…." 그런 축도 따라 외고 또 절을 했다. 당연히 내년엔 우리 집에 '보물 박씨'가 꼭 떨어질 것 같은 기분이 되었다.

제비는 이른봄, 먼 남쪽에서 날아와 둥지를 틀고 새끼를 까고 길러서 가을이 되면 겨울을 나기 위해 다시 남쪽으로 가는 철새다. 어쩌면 작고 날렵한 그 몸매로 그리도 먼 곳을 해마다 오고 갈 수 있는지 참으로 신묘하고 위대해 보였다.

제비와 더불어 잊을 수 없는 새가 뻐꾸기다. '뻐꾹뻐꾹 뻐꾹….' 시인들의 귀를 그처럼 곤두세우게 한 소리도 흔치 않을 것이다. 처량하기도 하고, 그윽하기도 하고, 평화롭기도 하고, 정겹기도 하고, 기쁘기도 하고, 한스럽기도 하고…. 때와 장소와 상황에 따라 온갖 이미지로 부각되는 뻐꾸기 소리는 과연 시적 상상의 보고라 해도 지나치지 않을 것이다.

나는 뻐꾸기에 대해선 '뻐꾹뻐꾹' 하는 그 소리 외엔 아무것도 아는 것이 없다. 한번도 실물을 본 일이 없다. 그림으론 보았을지 모르나 그것도 기억엔 없다. 그러나 그 소리만은 지금도 내 고향의 여러 산길들을 헤매게 한다. 산자락을 감돌고 두렁길을 추상追想하게 한다.

신준이 아재를 따라 산에 갔을 때의 일이다. 문득 뻐꾸기 소리가 들려왔다. 등성이를 타고 오르는 푸른 숲을 조용히 두들겼다. 뒤에서 미는 소리 같기도 하고 앞에서 끄는 소리 같기도 했다. 아니, 양 옆에서 번갈아 나는 소리 같기도 했다. 멀리서 아니, 가까이서 들려오는 소리 같기도 했다. 그 변주를 무엇이라 하랴. 신준이 아재는 "내내 너만 따라다닐 것이다." 하고 웃었다.

겨울 철새 얘길 하지 않을 수 없다. 낙동강 하구를 비롯한 이 땅의 여러 도래지渡來地엔 때가 되면 오리, 기러기, 두루미 등이 떼 지어 날아든다. 비교적 날씨가 고르고 먹이도 풍부한 때문이다. 그들은 새끼들과 함께 찬바람, 눈보라를 업고 이 먼 곳을 찾아온 것이다. 활동 공간이 아무래도 제한되어서인지 그들의 일거수일투족은 그대로 훌륭한 볼거리였다.

살을 에는 찬바람 속에 물 위와 하늘을 박차고 오르내리면서 휘갈기는 그 장엄한 그림! 함박눈 내리는 하구의 갈대 숲 언저리에 삼삼오오 의연히 늘어선 그 거대한 정물화! 바로 신의 '행위 미술'이고 '설치 미술'이 아니던가. 카메라가 달려오고 기자가 쫓아오고 화가와 시인이, 아니 자연을 사랑하는 보통사람들이 줄줄이 달음박질이니 그 정경을 어떻다고 하랴. 그대로 '겨울 예술'의 정화라 할 것이다.

사람이 만들어 놓은 계절도 때가 되면 역시 '철 내기들'이 웅성거린다. 신문이나 TV에서는 특히 철 내기 정치인들의 소식을 자주 팔아댄다. 깔끔하게 '철새 정치가'란 이름으로. 철새 정치가라? 철새 같은 정치가란 뜻일 테지. 그 관형사가 과연 온당한 것일까.

철새 정치가란 정치 환절기에 이 당에서 저 당으로, 저 파에서 이 파로 그 터전을 옮기는 족속들을 말한다. 터전을 옮긴다는 점에선 철새와 다를 게 없다. 그러나 그 동기와 그 과정은 전혀 다르다. 옮긴 후의 모습도 견줄 거리가 아니다. 아무래도 적절치 못한 비유 같다.

말 잘하는 말 장수들이 예우한 수식일 터이지만 아마도 조류학자들은 그걸 반식자우환半識字憂患쯤으로 여길 것이다. 이들을 지칭하는 또 다른 '태양족'이란 말도 천문학자들은 같은 심정에서 웃을 것이다.

나는 철새를 사랑한다. 번식을 위한, 새끼들을 위한 보다 좋은 환경을 찾아 고난을 무릅쓰고 불원만리不願萬里 하늘을 가르는 그 생의 의지를 찬탄한다. 다채로운 목소리로, 줄기찬 활동으로, 다양한 날갯짓으로 상상을 부추겨 예심藝心을 샘솟게 하는 그 아름다운 모습을 마냥 좋아한다.

철새는 결코 변절의 상징이 아니다.

차창 가에서

매표 아가씨가 선뜻 표를 바꾸어 주었다. 좋은 일진日辰이구나. 나는 고맙다는 인사를 정중히 하고 다시 버스에 올랐다. 아니, 이건? 번호만 다른, 같은 조건의 앞자리가 아닌가. 말을 잘못 들은 건가? 다시 매표구로 갔다. 그녀는, 자긴 좌석 배치를 잘 알 수 없으니 원하는 번호를 대라고 했다. 나는 즉각 버스로 달려가서 확인하고 이를 복명했다. 그녀는 거침없이 그건 다 매진된 좌석이라 했다. 퍼뜩 묘한 생각이 들었으나 뒷자리도 괜찮다고 나는 고개를 숙였다. 그녀의 일솜씨는 왕년의 일급 타자수처럼 기민했다.

좌석은 사뭇 뒤로 밀려 있었다. 그런데, 자리는 그 자리가 그 자리였다. 이런!? 울컥 속이 치미는데, 찍- 하고 문이 닫히며 버스가 움직였다. 듬성듬성한 빈자리부터 눈에 띄었다. 지정석에 앉고 보니 앞줄은 건너편 자리까지 고스란히 비어 있다. 나는 우정 고독한 폼을 과시하기 위해 뒤에 만큼 물러앉은 묘한 에피코넨이 되어버렸다. 비실비실 일어나 앞 창가 자리로 옮겨 앉았다.

밖으로 향해야 할 눈길이 저절로 감겨졌다. 이런 일이 있을 수 있나? 민영民營이라서 그럴까? 철도처럼 우대해 주는 것도 아닌데. 그렇다고 내가 매표 아가씨에게 무슨 미움 살 일이 있는 것도 아니고. 우연이라면 참 고약한 일진이구나. 퍼뜩, 이것도 그 일환一環인가, 하는 엉뚱한 생각이 스쳤다.

나는 열차를 자주 타는 편이다. 육로의 변수를 믿을 수 없어서다. 벌써 철도회원이 되어 제법 예약의 편의도 누리고 있다. 서둠 없이 역에 나가 특정 창구에서 VIP처럼 느긋하게 표를 받아 열차에 오르면, 그 때마다 배정된 자리는 거의 같은 조건의 자리였다. 푹신 앉고 보면, 창 설주가 옆을 내리막고 있었다. 앞뒤로 밀쳐진 커튼까지 거느리고. 앞 의자의 등받이가 이에 맞대어져 밖을 보기엔 매우 옹색했다. 창가라기보다는 창 설주 가였다. 그래도 나는 그걸 그냥 감사하고 흐뭇하게 여겼다.

자리는 고사하고, 표 한 장을 얻기 위해 네댓 시간도 꿈적 않고 줄섰던, 그리하여 천행으로 표를 얻게 되면 밀림 같은 입석의 틈새를 용하게 비집었던, 그런 지난날을 사뭇 잊지 않고 있어서다. 설주 가의 자리면 어떤가. 눈감고 꿈을 타면 더욱 좋지. 그리하여, 나는 비몽사몽간의 그런 감밀甘蜜을 즐기는 편이 되었다.

그런데 어느 날, 그 자리가 불편스럽게 느껴졌다. 이게 회원에 대한 대접인가? 회원은 봉사 차원에서 궂은 자리를 먼저 채우게 되어 있는 건가? 예약할 때 아예 좋은 자리를 요구할까? 아니야, 날마다 타는 것도 아닌데. 더구나 우대까지 받고 있는 처지에. 그래, 그건 분명 어떤 호의일 거야. 아무래도 그렇겠어.

느닷없이 6·25 후의 특정 상황이 떠올려졌다. 밀림 같은 그 입석시절, 세상 탓인지 기막힌 일들이 자주 벌어졌다. 허위허위 달리는 괴물 같은 열차에 번개같이 돌탄石彈을 발사하는 악동들이 있었다. 느닷없이 차창이 박살나고 열차 안은 피투성이 아수라장이 되었다. 그 축소판 전쟁 상황이 어찌하여 새삼 되살아났는지 나도 알 수 없다. 그때 그 자리가 바로 창 설주 옆자리였다면 그보다 더 좋은 방패가 어디 있겠는가. 그래, 그런 희한한 사실을 되새겨 안전을 챙겨주었구먼…. 그것이야말로 갸륵한 역사의식의 발로가 아닌가.

나의 열차 타기는 그래서 그렁저렁 늘 편안을 누리고 있는 셈이다.

자동차는 열차의 경우와 좀 다르다. 나는 확 트인 앞자리를 최고로 친다. 그래서 버스를 타면 기사와 함께 앞을 좇을 수 있는, 대각선상의 3번 좌석을 좋아한다. 그러나 그 자리는 일차적으로 VIP를 기다리는 자리인지, 때맞추어 표를 얻기가 쉽지 않다. 차선의 좌석이 창가 자리다. 창턱에 팔꿈치를 괴고 손바닥으로 얼굴을 받치면 들도 산도 다투어 안겨온다. 그 파노라마야!

그런데 나의 경우, 버스표를 사고 보면 기이하게도 열차에서와 똑같은 현상이 벌어졌다. 마침 승객도 많지 않고 시간도 좀 여유가 있어서 그런 사정을 얘기하고 표를 바꿔보려 했던 것인데, 기이하게도 정말 기이한 결과가 되고 만 것이다.

울컥 하는 심정에 저절로 눈이 감겼지만 이윽곤 열차에서처럼 비몽사몽의 경지에 빠져버렸다. 그게 그거구먼. 같은 맥이야. 보호에 무슨 민영, 국영이 따로 있을까. 가만히 있을 걸….

노경에 들면 보이는 것만 보고 들리는 것만 들으면서 그냥 조용히 보내는 것이 순리가 아니던가. 그런데도 나는 황망히 돋보기나 돋듣기(보청기)를 챙겨대는 일이 한두 번이 아니니 이를 부질없는 의욕이라 하랴, 객기라 하랴.

도착을 알리는 방송에 이어 신호 때문인지 정체 때문인지 몇 번인가 멈칫거리던 버스가 마침내 터미널에 당도했다. 가만히 눈을 떴다. 차창엔 사양놀이 화사한 유화를 그리고 있다. 나는 그 빛살을 얼굴에 가득 받으며 천천히 안전띠를 풀고, 물길처럼 빠져나가는 통로의 흐름에 소리 없이 끼어들었다. 마지막으로 내리면서 기사에게 공손히 예를 표했다.

"수고 많으셨습니다."

(2003)

입춘 언저리에서

아내가 집안의 정리와 대청소를 걱정하고 나섰다. 나는 추위가 좀 수그러진 다음에 서서히 하자고 했다. 아내는 큰 추위는 다 갔다며 나더러 우선 밖의 큰 것들만 대강 치우라는 엄명이다. 마침 출가한 큰애의 문안 전화가 왔기에 원군이나 만난 듯 반갑게 그런 사정을 얘기했다. 딸의 반응은 오히려 직격탄이다. “아빠는 참…, 우리는 진작 끝냈는데요.” ‘가재는 게 편’이란 말이 있던가.

요번 추이만 끝나면
이 찌무룩한 털쉐터를 벗어던져야지
쾨쾨한 담요도 내다 팔고
털이불도 걷어 치워야지.

머리를 멍하게 하고 눈물 짓무르게 하는 난로야
너도 내일 끝장이다! 창고 속에 던져 넣어야지.
(내일 당장 빙하기가 온다 해도)

황인숙의 <추운 봄날>이 저절로 홍얼홍얼.

어느 모임에서다. 얘기가 시답잖아서 눈을 내리깔고 있었다. 무릎 위에 무엇이 살짝 놓였다. 눈을 떠보니 얄팍한 시 묶음이다.

"잠깨! 이 사람아."

함께 간 친구가 느닷없이 개구리 깨우는 '경칩'이 되었다. 그는 집게손가락으로 한 시제詩題를 가리키며 빙긋이 웃고 있었다. 나는 정말 경칩 날 잠 깬 개구리처럼 그 시를 두리번거렸다. <입춘>이란 신군자의 시다.

눈이 깜박했다. 동장군의 퇴진을 "가지 끝 산기 느끼는 아픔만 / 쓰다듬고 돌아선다."고 노래하고 있어서다. 봄은 철따라 그냥 오는 것이 아니라 봄으로 태어난다는 시각이다. 여성이 회임의 어려움을 추슬러 진통 속에 아기를 출산하듯 봄도 온갖 생명을 포태하고 비슷한 어려움을 겪으면서 탄생한다는, 그래서 희망에 부푼 기다림 속에 굽이굽이 조신하는 모습이 절절하다.

그러나 창 밖엔 추위가 창창한데 그 속에서 봄을 불러낸다는 것은 구체적인 체감을 건너 뛴 허구가 아닌가? 나는 그런 생각을 하면서 무슨 발견이나 한 것처럼 친구의 동의를 구했다. 그는 잠시 머쓱한 표정을 짓더니 "입춘이 지나긴 했지만…." 하고 그냥 웃어버렸다.

김창범은 그의 <봄의 소리>에서 "누가 재가 되었다고 했는가 / 부러져 말라버린 나뭇가지가 되었다고 했는가." 하고 봄의 탄생을 감탄했지만 사실 봄은 기다리고 공들인 만큼 힘차고 아름다운 모습을 보여준다.

나무들은 지심을 함빡 뽑어 올려 튼실한 가지들을 사방으로 펼친다. 온갖 씨앗들은 산과 들에 아니, 흙냄새가 조금만 서린 곳이라면 어디든, 작은 바위 틈까지 가리지 않고 새싹을 틔운다. 이내 흐드러지게 꽃을 피우고 더없이 부드러운 푸름을 두른다. 산새들은 이 자락 저 등성이, 이 나무 저 숲 속을 앞 쫓거니 뒤쫓거니 해맑게 우짖는다. 산짐승들은 기지갤 켜고 껑충대며 제 영지를 내닫는다. 차고 맑게 가라앉은 계곡 물은 내와 강줄기를 타고 고기들을 하나하나 정답게 일깨운다.

여성은 봄의 화신이던가. 언제나 한 송이 꽃이기를 바란다. 꽃처럼 아름답기 위하여 항상 몸과 마음을 정하게 간수한다. 독특한 색조로 화장의 조형예술을 날로 심화한다. 새싹처럼 신록처럼 싱싱하기 위하여 바르게 섭취하고 움직이고 알맞게 쉰다. 스스로 만든 약손으로 끊임없이 살갗을 다독거리고 어른다. 때론 치기어린 감상에 젖어 가만히 눈을 감는 일도 망설이지 않는다. 여성은 어린이와 무릇 자라나는 것들을 위하여 날짐승 길짐승 물고기들이 베푸는 종족보존의 정성을 따뜻하게 수용한다.

여자는 봄을 타고 남자는 가을을 탄다는 말이 있다. 봄은 추위와 더위 사이에, 가을은 더위와 추위 사이에 걸쳐 있다. 봄과 가을은 추위와 더위, 그 어느 쪽이 앞과 뒤를 싸고도느냐의 차이다.

대체로 여자들은 봄을 안고 여름을 살고자 하는 성정인데 비해 남자들은 가을에 젖어 겨울을 다지고자 하는 의지가 승한 편이다. 그래서 각기 봄과 가을을 탄다고 한 것일까. 흔히 민감한 여자들의 옷차림에서 먼저 봄을 느끼는 것도 그런 일단이라 할 것이다. 봄은 분명 여성과 더불어 겨루고 화답하는 아름다운 코러스다.

나는 한 시절 가을을 좋아했다. 아니, 좋아해야 하는 것으로 알았다. 책을 읽고 사색해야 할 사람은 당연히 그 상징의 계절을 선호하고 또 그렇게 태어나야 하는 것으로 여겼다. 그러나 지금은 아니다. 새싹이 좋고 뻗어나는 것이 좋고 화사한 것이 더 좋다. 그 민감, 그 민첩은 너무나도 눈이 부시다.

친구가 봄을 알리고 아내가 청소를 부추겨도 선뜻 외투를 벗지 못하는 나, 그러고도 어찌 새 손님을 맞는다 하랴. 아무래도 <입춘> 같은 시심을 찾아 마음 밭을 녹이고 움이 틀 수 있도록 외투부터 벗어야겠다.

흰 갑옷 툭툭 털고 큰 칼 내려놓는
한 계절 서슬 푸르기 청솔 같은 동장군
가지 끝 산기 느끼는 아픔만
쓰다듬고 돌아선다.

흙 밟고 헤엄치던 안개비 산발을 하고
갯버들 여린 가슴 봉싯 하나 부풀 때쯤
풀물 든 후뚜기 소리가

먼 기억을 넘어온다.

하늘 눈짓 흙의 입김에 옷깃 풀고 마중 간다.
이 들 저 산 모두 캐어 한 가슴에 안으려니
쑥물 밴 손톱 밑으로
칼끝 바람 숨어든다.

(2000)

담 치장

담쟁이덩굴을 모조리 걷어냈다. 줄기 떨어지는 소리가 투두둑 애처롭게 손아귀에 잡혔다. 그러나 나는 이미 귀머거리. 담벽에 다닥다닥 붙어 있는 덩굴손까지 쇠붙이로 매정하게 긁어냈으니….

"하얗게 페인팅하고 나면 심플하고 환하겠네요."

아내는 차제에 뿌리까지 다 없애버리잔다. 흰 바탕에 녹색의 호응도 무던하지 않느냐는 내 말엔 묵묵부답.

뿌리 뽑긴 그리 힘든 일이 아니었다. 넝쿨뿌리여서 흙을 깊이 팔 까닭이 없어서다. 덕분에 능소화나무 뿌리는 하나도 다치지 않은 채 일을 마쳤다. 화단의 흙이 여기저기 뒤집혀졌다.

화단이래야 너비 두어 자 남짓 된 것. 담을 안고 단壇 밑에 쭈그리고 앉아 바닥을 골랐다. 잔돌이 무수히 집혔다. 흙보다 오히려 더 많은 듯. 흙을 펴는 게 문제가 아니라 잔돌을 가리는 게 문제였다. 이따금 고개를 들면 이마에서 주르륵, 눈을 뜰 수가 없었다.

시인은 '모래밭에서 금싸라기를 일어내는 사람'이라는데, 나는 흙 밭에서 흙보다 굵은 잔돌도 제대로 못 고르니, 아무나 시인이 되고 농군이 되는 건 아닌 듯. 그나마 일찍 그걸 알아차렸으니 그래도 제 살 궁리는 챙긴 셈인가. 허허허.

오른팔을 쓰면서 오른편으로 게처럼 어기적어기적. 어느새 어깻죽지가 뻐근하고 허리가 틀리고 오금이 저렸다. 일어서서 가볍게 몸을 풀고 팔을 바꾸어 다시 시작. 웬일인지 금방 손길이 어설프고 굼떴다. 왼손잡이인 내게 이 무슨 변고일까. 하긴 수저질, 글쓰기는 평생 오른손에 의존하고 있는 터이지만.

'천재는 99%의 노력과 1%의 재주로 이뤄진다'는 말이 있던가. 난 그것을 천재들이 둔재들에게 던지는 한낱 위안의 말로 여겼는데, 내 오른손에 그만한 탄력이 붙었다면, 그것이야말로 99%의 한 몫이라 할 수 있지 않는가. 하하하.

더러 석산일각石山一角이 나타났다. 그건 삽이라야. 벽돌 짝, 콘크리트 부스러기, 그 밖의 잡답한 쓰레기들이 무더기 무더기다. 능소화나무가 있지만 조만간 본격적인 작업이 이뤄져야 할 듯.

능소화나무는 6미터는 좋이 넘는 꺽다리다. 집 짓고 바로 심은 것들, 사반세기를 헤아린다. 모두 7그루. 덩굴손이 그렇게 생겨먹은 것인지 그렇게 잔뿌리가 난 것인지 알 수 없지만 아예 블록 담과는 남남이었다. 침사沈思 끝에 나는 받침대를 50밀리 PVC파이프로 담 높이의 곱절쯤 되게 철봉대 모양으로 세웠다. 그러나 그게 태풍 끝자락 같은 바람결에도 어이없이 휘청휘청. 묵고默考 끝에 앞집의 양해를 얻어 담 뒷면에 같은 구조의, 키만 훌쩍 높인, 철관 받침대를 또 하나 설치했다. PVC 받침대를 마주선 새 철관에 가볍게 맸다.

능소화나무는 그리하여 우리 집의 '앙증스런 정자나무숲'으로, '작은 위안'의 공간이 된 것이다. 연두 잎이 짙어지면 노란 망울들이 다투어 염문艶文을 날리고 깔때기 모양의 붉은 꽃을 피운다. 벌들이 '벌떼처럼 일어나' 그 화심을 춤추듯 드나든다. 새 노래가 짙푸르러지고 매미의 절규가 여름을 일깨우면 그 그늘의 시원함이야.

담쟁이덩굴은 그 작은 위안에 이어진 부차적인 것. 집안에 심는 게 아니란 충고가 만만찮았지만 어떻든 그 동안 푸른 담으로서 제 몫은 다해준 셈이다. 정리하고 보니 속아리가 꿈틀꿈틀.

담은 이내 하얗게, 너무나도 하얗게 다시 태어났다. 또 다른 위안을 안길 기미가 스멀스멀. 그 빛과 어울릴 여린 덩굴 풀을 생각하며 PVC 받침대에 오선五線 긋듯 헌 전화선을 팽팽하게 묶었다. 담 위엔 검은 색 파이프를 얹고 이에 흰 줄을 묶어 내려주면, 감고 오를 덩굴들이 설치작품 하나쯤은 만들지 않겠나 싶었다.

퍼뜩, 한 문우가 준 더덕 분 생각이 났다. 옳지, 그게 좋겠구나. 나는 지체 없이 분토가 부스러지지 않게 그 모종내기에 땀을 뻘뻘. 덩굴이 너무 약해 꺄우뚱꺄우뚱.

돌아서 나오다가 베어놓은 대추나무 가지에 발이 걸렸다. 응,

이걸 활용해봐? 해마다 담장에 호박넝쿨 받침대를 세우셨던 할아버지 생각이 번개처럼 빛을 냈다. 톱과 전정가위로 키는 담 높이만큼, 옆 가지들은 들쭉날쭉 적당하게, 제법 심미안을 발현, 성글지도 배지도 않게 가로 뻗은 5선에 하나하나 묶어 세웠다.

여린 그 덩굴들을 조심조심 받들어 간신히 오름대에 인도. 거실에 올라와 굽어보니 '만고의 걸작'이다. 담 위를 가로지른 상량 같은 검은 파이프는 실용과는 무관한 '여유의 멋'으로 더욱 빛을 내고!

오는 가을이나 내년 봄엔 꼭 화단을 정淨한 흙으로 바꿔야. 능소화나무에 해가 되지 않을, 배수도 잘되는, 잔돌 없는 사질토로. 그리하여 마침내 그윽한 향기가 이웃까지 방산되는 더덕동산이 되게….

성城 같은 저택들이 늘면서 방어적인 담들이 하나같이 높아지고 있다. 아파트가 눈부시지만 값이 어지러워 세포막 같은 한 칸도 아무나 들 수는 없는 세태라, 전래의 담(울타리) 사상思想을 이어 살 사람은 결국 누옥의 주인공들뿐이다.

담은 서로 믿고 인정하고 존중하는 묵계默契의 경계다. 맞서는 선이 아니라 서로가 서로를 기다리는 대대對待사상의 상징적 표지다. 치장하여 마땅하지 않는가.

(2004)

맨발을 되찾아

새벽등산을 거듭 빠지다 보면 그대로 게을러지기 일쑤이다. 실컷 자고 난 것처럼 이윽고 눈을 비비면 좀 머쓱해진다. 그럴 때마다 난 재개에 앞서 발밤발밤 사죄의 등산을 한다.

그날 하오, 태조봉을 오른 것도 그런 일환이었다. 산자락엔 낙엽들이 아무렇게나 뒹굴고, 숲길엔 빨강, 노랑, 갈색의 차가운 소리들이 소소하게 내리고 있었다. 질푸르게 막혔던 나무 기둥들 사이가 얼기설기 트이고 하얀 이야기들이 정답게 들렸다. 등산객들의 옷차림도 한결 덕성스러웠다.

신발을 벗어봐? 지난여름, 우연히 보았던 한 정경이 느닷없이 떠올려졌다. 어떤 장정이 등산로 입구에서 신발을 벗어놓고 맨발로 나섰다. 길든 동작처럼 거침없이 당당했다. '아- 참, 대단한 사람이구나!' 하고 나는 경탄했지만 그 후론 그냥 무심히 지냈다.

왜 그게 발작처럼 떠올려졌는지는 알 수 없지만, 생각하면 발은 몸을 지탱하는 최후의 보루다. 허벅지 무릎 정강이로 이어지는 다리가 아무리 굳세도, 발목, 발바닥, 장심掌心의 아우름이 받쳐주지 않는다면 제구실을 다할 수 없다. '다리는 신의 날개로 만들어진 것'이란 말이 있지만, 그건 발까지를 포함한 말임에 틀림이 없다. 그래야만 다리가 날개처럼 날 수 있을 테니 말이다.

사냥하고, 나물 뜯고, 열매 따며 여기저기 옮겨 살던 조상들은 소박하나마 우리에게 쓸 것, 걸칠 것, 신을 것들에 대한 지혜를 물려주었다. 태초에 그것들은 단순한 체온유지나 안전을 위한 방편에 불과했을 것이다. 그러나 지금은 거기 아름다움이 파고들어 눈부신 문화영역이 되었다. 모자, 의복, 신발 등의 예술적 접근을 누가 아니라고 말할 수 있으랴.

그 중, 신발은 좀 독특한 면이 있다. 의복이나 모자처럼 다투어 앞서려 하지 않고, 그를 뒤따르는 편이다. 그렇다 보면 더러 본의 아니게 발을 조이게도 하고 헐렁하게도 한다. 신발은 대체로 발을 과잉보호하는 경향이다. 그것 때문에 발이 퀴퀴해지면 더욱 꽁꽁 감싸버리기도 한다. 묘한 악순환인 셈이다.

그런 생각이 들자 나는 퍼뜩 발을 풀어주고 싶었다. 서둘러 지난여름 잠깐 스쳤던 그 맨발장정의 후배가 되었다. 신발을 빼고 맨발로 흙길에 섰다. 그리 해본 지가 전설처럼 까마득히 느껴졌다. 발바닥과 발가락이 얼음이라도 밟은 듯 움찔했다. 소태바람이 찡하게 발등을 덮쳤다. 나는 가만가만 제자리걸음을 했다. 발바닥이 그야말로 동시다발적同時多發的인 비명을 토했다. 나도 모르게 '윽, 윽' 소리를 냈다.

지질학자처럼 나는 땅을 굽어보며 반반한 데만 골라서 발을 내디뎠다. 그러나 반향은 엉뚱했다. 길 자체가 그런 상태인지, 내 시력이 흐릿한 탓인지 발바닥에선 줄곧 돌덩이, 새총 알, 화염병 등이 날아드는, 데모의 함성이 작렬했다. 저절로 허리가 굽혀지고 사분사분 도둑놈 발걸음이 되었다.

'곰도 뒹굴 재주는 있다'던가. 나는 어느새 낙엽으로 포장된 갓길에 들어서 있었다. 발아래 함성이 어느새 멎고 포근해지기까지 했다. 칙칙하게 오그라든 낙엽 속에 그런 열기가 도사리고 있을 줄이야! 한참 그렇게 평온했다. 그러나 뜻밖에 장심을 강타하는 복병을 만나곤 했다. 지뢰라도 터지는 줄 알았다. 살짝 주저앉았다. 포장을 헤쳐 보니 수류탄 같은 돌덩이들이었다.

크든 작든 정상에 오르는 맛은 그 성취감에 있을 것이다. 그날따라 그런 생각이 절실하게 느껴졌다. 여느 때 하던 대로 체조를 했다. 그 동안 묵혀두었던 동작들이다. 우두둑 뼈마디 꺾이는 소리가 날 줄 알았는데 오히려 훨훨 날렸다. 낯선 사람들이 반나마 입을 벌리고 공진회 물건이라도 보는 듯 시선을 쏟았다. 좀 쑥스러웠지만 눈 딱 감고 나는 넓지 않은 공간을 자근자근 맴돌았다.

희한한 일이었다. 온 발이 확 풀렸다. 비명도, 함성도, 강타도 다 옛애기만 같았다. 발가락, 발바닥, 발뒤꿈치, 발등, 발목 등이 하나같이 자유로웠다. 어느새 발아래엔 깜박깜박 별빛이 밟히고 있었다. 아-, 그 변주! 나는 신묘한 감동을 어찌하지 못했다.

내려오는 길은 하늘이 깔아 준 은하의 길이었다. 맨발이 되었던 곳에 이르러, 나는 우정 발을 닦지 않고 양말을 신었다. 안방처럼 포근했다. 도심으로 파고드는 집에까지의 아스팔트길이 그대로 부드러운 흙길이었다. 펄펄 나는 발길! 예전엔 미처 맛보지 못한 쾌보快步였다.

나는 내 새벽 등산도 맨발을 되찾아 하늘의 별을 밟게 되는 그런 즐김이 이어질 것으로 가슴이 뿌듯했다.

(2003)

집의 서정

집이라고 하면 나는 고향 집이 떠오른다. 저택도 아니고 '그림 같은 언덕 위의 집'도 아닌 그야말로 평범한 농가일 뿐인데, 그게 왜 노상 먼저 떠오르는지 알 수 없다. 할머니 할아버지의 손길이 그만큼 짙게 밴 탓인가. 무던한 내 건강이 바로 그 자양의 은덕임을 새삼 깨닫게 된 때문인가. 날로 치솟는 빌딩의 숲 속에서 오히려 옛 누옥이 그리워진 까닭인가.

아래채의 모습이 늘 어린 마음을 초라하게 했다. 세 계단 높이의 대뜰 위에 세워진 몸채에 비하면 너무나도 비굴한 몰골이었다. 두 칸은 곳간과 헛간으로 쓰였고 겨우 방 하나가 밤이 되면 희미한 불빛을 흘리는 전설 같은 집이었다. 막내 숙부가 쓰시지 않았다면 진작 헐어버리자고 할아버지께 졸랐을 것이다. 결국 아래채는 문간채, 고방채 등, 거느림채가 완성되면서 자연스럽게 그 터전을 마당으로 내주고 자취 없이 사라졌다.

나의 성장기는 바로 그 무렵이었다. 어른들도 허리를 굽히지 않고 선선히 방문을 드나들 수 있는 그 구조가 왜 그리 신났던지! 나는 큰방에서 할머니와 함께 자면서 못할 짓이 없는 장난꾸러기였다. 알게 모르게 집안 구석구석을 뒤지지 않은 곳이 없었다.

뒤 대청은 작은 고방이었다. 쌀뒤주를 비롯해서 곡식이 담겨 있는 여러 그릇들이 옹기종기 좌우로 놓여 있었다. 이따금 나는 그것들을 여닫고 만져 보고 휘젓고 퉁겨 보기 일쑤였다. 그러나 주전부리감은 한 번도 나오지 않았다. 손만 뿌예져서 털다 보면 옷까지 더러워져 제풀에 심통을 내곤 했다. 한마디로 재미없는 방이었다. 그런데도 나는 거기서 뜻밖의 사건을 경험하게 되었다.

대청 사이의 미닫이를 열다 말고 나는 까무러칠 뻔했다. 그릇들이 한편으로 밀리고 마룻바닥 한쪽이 열려 있었기 때문이다. 도둑? 나는 나도 몰래 그야말로 도둑걸음으로 집을 나와 '아래 밭'으로 내닫는 쏜살이 되었다. 일손을 멈춘 할머니는 내 헐떡이는 보고를 오히려 미소로 받았다.

"놀랬구나. 집 귀신이 바람 쐬러 나갔는 갑다." 나는 더욱 가슴을 쓸었다. 할머니는 재빨리 내 인중에 손가락을 내리 대며 입을 십+자로 봉했다. "대청 밑에는 우리를 지켜주는 귀신이 살고 있다. 그 비밀이 밖으로 새면 우리는 굶어 죽게 된다. 귀신의 해코지로. 알것냐?" 엉겁결에 나는 할머니 손을 붙들고 몇 번이나 고개를 끄덕였다. 그리곤 그 '비밀 결사의 평생 동지'를 다짐했다.

8·15의 감격은 바로 해방의 밀물이었다. 나라도 개인도 억압이 풀리고 어둠이 가시기 시작했다. 우리 집 '귀신의 문'도 활짝 열렸다. 가슴을 쿵쾅거리며 촛불을 들고 내려가 보았다. 앞뒤 대청이 하나로 트여 있었다. 멍석이 깔려 있었으나 무엇이 살다 나간 흔적이라곤 없었다. 안쪽으로 웬 가마니가 하나 팽팽하게 서 있었다. 섬광 같은 경탄이 스쳤다. 과연 그것은 쌀이었다.

'귀신의 방'은 그때부터 그냥 '대청 밑'이라고 불리는 영험 없는 공간이 되었다. 그러나 갈무리광으로는 적합하지 않았다. 덮개 문을 열고 구석지게 놓인 두어 자 높이의 상자를 딛고 오르내려야 했기 때문이다. 나는 심부름하기 싫을 때 몇 번인가 그곳에 슬그머니 숨어보았다. 으쓱으쓱 재미가 붙었다. 나도 모르는 사이에 그곳은 내 '비밀의 방'이 되었다. 담요와 베개도 들여놓았다.

그 방은 항상 어두웠다. 덮개 문 사이로 새어드는 희뿌연 한 줄기 빛이 아니라면 그대로 칠흑덩어리였다. 눈을 감아야 제격이었다. 망상인지 상상인지 알 수 없는 상념들을 망아지 쫓듯 하다 보면 어느새 밤이 이어지고 있었다. 나는 집 귀신과 쌀가마와 내가 어쩌면 우리 집을 지탱하는 비밀스런 세 뿌리가 아닌가, 하는 생각을 했다.

어느 날, 무서운 일이 벌어졌다. 느닷없이 형사가 들이닥쳐 귀신같이 대청 밑을 덮쳤다. 어찌된 일인지 작은할아버지 댁 당숙이 거기에 있었다. 당숙은 그때 불법 단체에 가담한 혐의를 받고 있었다. 잡혀간 당숙도 당숙이지만 내가 들여놓은 담요와 베개 때문에 나는 물론 어머니도 혼이 났다. 비밀의 방은 그렇게 해서 폐지가 되고 말았다.

만석꾼이라는 부자 친구 집에 놀러 간 일이 있었다. '공루空樓'라고 불리는 희한한 공간이 나의 눈을 똥그랗게 했다. 큰방의 골방 부엌 쪽 벽 오른편으로 바짝 붙여진 문을 열고 계단을 오르면 넓은 이층이었다. 다시 큰방 쪽 벽 한가운데에 놓인 작은 사다리를 타고 문을 열면 거기는 더 넓은 삼층이었다. 부엌과 방바닥 높이의 차가 그렇게 층을 다르게 한 것이다. 앞뒤 문이 아래층 문의 연장선상에 제대로 설치되어 있었다. 높이는 그 삼분의 이 정도 되었지만 밝기는 지장이 없었다. 한마디로 그곳은 거창한 고방이었다. 없는 것이 없었다.

시계視界가 가려진 점이 좀 답답했다. 처마로 내리닫는 지붕 끝이 구조적으로 앞을 가로막고 있는 것이다. 꼭대기 방은 꼭대기답게 벽공으로 치닫는 무한한 통로가 열려 있어야 하는 게 아니냐는 생각을 했다. 만석꾼 댁에도 역시 없는 것이 있긴 있는가 싶었다.

직장을 따라 나는 외지에 정착하게 되었다. 아파트가 주택의 주종을 이루는 추세인데도 나는 여전히 단독 주택에 살고 있다. 몇 해 전에 대대적인 수리를 했다. 베란다를 거실로 넓혔다. 천장의 연결이 문제였다. 궁리 끝에 거실의 천장 끝을 높은 베란다 천장 끝과 대각선으로 이었다. 와락 하늘이 쏟아졌다. 그야말로 '벽공을 치닫는 무한한 통로'가 열린 것 같았다. 자질구레한 생활용품들을 넣어 둔 아래층의 작은 창고를 '대청 밑'으로 간주하면 나는 그윽한 회향의 의미지 속에 더없는 평안을 누리고 있는 것이 아닌가 여겨졌다.

아파트의 발전은 언제부터인가 그것이 주거 공간으로서의 의미뿐 아니라 자산 증식이나 신분 상승의 잣대로도 한 몫을 하고 있다. 그 흐름에 따라 아파트 사람들은 심심찮게 이사들을 한다. 의욕과 성취의 조화 같아 부러운 바 없지 않다. 그러나 나는 그림자처럼 이끌리는 묘한 실향감失鄕感 같은 것을 떨쳐버릴 수가 없다. 부질없는 감상感傷일까.

내게 있어서 집은 곧 고향이요 어머니의 품이다.

(2000)

바닷가에서

바다의 손짓은 언제나 포근하다. 여름철이면 방학이나 휴가를 무슨 통과의례처럼 바닷가에서 보내는 사람들이 늘고 있지만 그런 경우가 아니래도 바다는 무시로 사람들을 부르고 있다. 북적대는 주변이 지겹거나 제법 끙끙대며 땀 흘린 일이 결국은 섬이 되고 만 그러한 때, 나는 별난 수나 있을 것처럼 불쑥 바다의 손짓에 솔깃해지곤 한다.

그날은 안면도를 찾았다. 서산 A·B지구방조제 대로를 타고 시원스레 바다를 가르고 나면 이내 태안에서 내리닫는 대로와 만난다. 예서 왼편으로 돌아 직진하면 바로 안면도에 이른다. 말이 섬이지 안면도는 대교로 이어진 아름다운 반도라 함이 옳다.

달리다 말고 고남리 저수지에서 잠시 멈추었다. 산기슭을 등진 제방이 앙증스럽기까지 하다. 다소곳이 갇힌 물도 깨끗하다.

어쩌면 저수지가 칭얼대는 바닷물을 끌어와 애기 달래듯 흙 띠를 두르고 있는 것 같은, 그런 느낌이 들었다. 하긴 야성을 잃어버린 가축이 때로 목을 길게 빼고 먼 하늘을 멍하니 우러르듯 짠맛을 잊어버린 맹물이 본향에 대한 향수를 그렇게 드러내지 말란 법도 없을 듯.

돌아서서 앞뜰을 바라보니, 멀리 바다가 횡렬橫列로 붕 떠 있다. 한 도막 수평선이 달려와 좌우로 뻗어나간 산줄기를 가로막고 버티고 있는 것 같다. 설마 쓰나미津波는 아닐 테고. 해발이란 잣대를 생각하면 어처구니없는 현상이다. 갸우뚱 갸우뚱, 비록 그것이 알 수 없는 나만의 환시幻視현상이라 할지라도 또한 자연의 섭리라면 그런 비의秘意를 어떻게 풀어야 할 것인지?

꽃지 바닷가에 여장을 풀었다. 하늘과 맞닿은 먼 수평선이 와락 국경선처럼 감싸 안는다. 망연히 눈길을 쏟으니 아롱아롱 꿈결만 같다. 나도 몰래 입이 닫힌 채, 나는 사랑하는 이의 눈짓이나 받은 것처럼 모래톱 들머리에서 신발을 벗었다. 오랜만에 보호의 질곡에서 빠져나온 내 '하부구조'의 말단인 녀석은 선 자리에서 그대로 가만가만 대지大地를 다지는 인사를 잊지 않는다.

걸어야지, 끊임없이 걸어야지. 그래야 '거시기'도 풀린다. 그런 심정에서 나는 모래톱을 굽어보며 한 발 한 발 걸었다. 마른 바닥, 젖은 바닥, 왕모래 무더기, 묻힌 바위 겉면 등등을 몇 번이나 되돌아오는 무심한 장정長程. 걸음을 옮길 때마다 발가락 사이사이까지 삐져 오른 대지가 사르르 쏟아지기도 하고 더러는 촉촉이 달라붙고 희한하게 쑤시기도 하는 변조變調를 연주한다. 그 체온이 과연 바다가 주는 사랑인지, 하늘이 내린 슬기인지. 사무치는 설렘이 잔잔한 물결 소리를 낸다.

가락진 걸음에 얼마나 취했던지 문득 고개를 드니 바다는 어느새 저 멀리 빠져나가고 있다. 그 물살에 내 '거시기'도 죄다 실려 나간 듯 묘하게 휘영해진다. 그러면서도 가슴속엔 더욱 멀어진 섬이 가물가물.

숙소에 들어와서 커튼을 젖히고 휴식테이블에 앉았다. 바다는 여전히 내닫고 있다. 순풍을 불러 가속할 기미 같은 건 전혀 보이지 않는다. 바다는 역시 젊디젊은 생명의 원천이다.

지구상의 거대한 대륙과 크고 작은 섬들을 남김없이 품에 안은 바다. 그 바다는 주기적으로 해안을 양감量感 있게 포옹하는 사랑의 화신이다. 그 사랑이 가꾼 무궁무진한 자양이다. 지구의 부패와 오염을 예방하고 한편으론 흡수하여 말없이 정화하는 위대한 모성이다. 더러 질풍과 더불어 크게 노하기도 하지만 그 또한 느슨한 타성에 생명을 불어넣는 청정한 사랑의 일환一環이 아니던가.

높아졌다 낮아졌다 하는 바다의 수면, 그 거창한 신비에 감탄하다가 나는 느닷없이 '수평선이 시위라면' 하는 엉뚱한 생각이 떠올랐다. 그렇다. 그 수평선 시위에 화살을 꽂고 끌어당기면 당긴 만큼 수평선에 이어진 모든 바다가 황급히 해안의 포옹을 풀고 따라오를 것 아닌가. 썰물! 그 시위를 놓으면 화살은 그야말로 쏜살같이 목표를 향해 날아가고 바다는 다시 해안으로 뿔뿔이 밀어닥칠 것 아닌가. 밀물! 누가 시위를 당기지? 달님이. 그 목표는? 다함없는 사랑의 과녁. 나로선 조수에 대한 비유로 뜻밖에 얻어진, 그야말로 회심會心의 밀물이 아닐 수 없었다.

조수가 들며나며 늘려놓은 개펄은 어패류의 보고다. 바다도 아니고 땅도 아닌, 바다이기도 하고 땅이기도 한, 그 중간지대에서 땅과 바다의 두 춘하추동을 하나로 산 어패류는 그 특유의 애환을 숙성시켜 그토록 맛이 아기자기하고 그윽한 것인가.

수필의 목장은 무릇 '중간지대'라고 한 분이 있었다. 그렇다면 개펄에서 수확한 어패류 맛이 바로 수필의 진미가 될 수 있는 셈이다. 알 듯도 하고 모를 듯도 한 비유다. 아무튼 내 마음속에 그런 개펄이 하나 있었으면 좋겠다.

바닷가에서 하염없이 걷고 또 스쳐가는 도막생각들에 젖다보면 어느새 몸도 마음도 시장기가 든다. 그럴 때마다 나는 즐겨 어패류 요리를 택한다. 그들이 익힌 사계四季를 음미해 보려고. 그러나 그 혼융混融의 특이한 맛을 나는 글로 옮길 재간이 없어 늘 피식피식 웃고 만다.

그날도 나는 조갯국물을 마시면서 겨우 그것이 포식하기 일쑤인 내 밥주머니를 후련히 정화하는 조수가 될 것으로 믿어 마지않는 선에 머물고 말았다. 남모를 씁쓸한 웃음이….

바닷가에 가면 세사의 번잡이나 외로움이 휘뚜루마뚜루 가시지만 오히려 더 큰 섬이 가슴에 와 안기는 건 무슨 까닭인지?

(2005)

해거름의 편린

그는 TV를 즐겨 본다. 특히 '동물의 왕국'이니 '동물의 세계'니 하는 프로를 놓치지 않는다. 하늘과 땅과 물속에 흩어져 사는 그 많은 동물들의 기기묘묘한 생김새와 살아가는 방식이 더없이 신기하고 재미있기 때문이다. 아니, 그들이 살고 있는 그 넓은 터전의 변화무쌍한 정경이 절절히 감동을 안겨준 때문이다. 그는 이를 여행하는 심정으로 본다고 말한다.

한때 '애수'니 '비수'니 하는 수愁자 돌림의 영화들이 젊은이의 가슴을 흔든 적이 있었다. 그때 그가 찾아 나선 건 엉뚱하게도 '서부영화'였다. 개척의 의욕, 좌절, 복수, 사랑 따위의 구성이 시원해서다. 서부의 대평원을 안락의자에 앉아서 신나게 구경할 수 있어서다. 그때도 그는 여행하는 심정이란 말을 한 바 있다.

그는 요즘은 TV를 보다 말고 걸핏하면 리모컨을 눌러버린다.

'서부의 사나이들'이 말발굽 소리도 요란하게 대평원에 바람을 몰듯 '동물의 세계'의 맹수와 먹이사슬이 쫓고 쫓기는 밀림의 바람을, 그 기상을, 힘찬 생명력이라 찬탄하던 그가 웬일인지 요즘 들어 먹이사슬이 쫓기기만 하면 그 순간에 눈을 감고 만다. 불쑥 '이게 무슨 변덕이냐'고 내게 묻기도 한다. 나는 그냥 빙긋이 웃고 만다.

'그게 달밤 체조지 무슨 등산이냐.'는 친구들의 빈정거림을 그는 들은 척도 하지 않고 새벽마다 어김없이 빠른 걸음으로 체육공원을 탄다. 두어 군데 쉼터에서 가볍게 숨을 고르곤 정상의 팔각정으로 치닫는다. 그 주변은 언제나 삼삼오오 끼리끼리다. 그는 스스로 '스트레칭 체조'라고 여기는 힘찬 동작을 이삼십 분 계속한다. 이내 사방을 살피곤 '산을 깨웁시다.' 하고 선언한다. 기다렸다는 듯이 모두 일어선다. '시작' 하는 우렁찬 구호가 튀어나온다. '야호–' 긴 절규가 서너너덧 번 산봉우리를 흔든다. 그의 아침은 그렇게 산과 더불어 깬다.

그는 이따금 네댓 시간의 본격적인 등산을 채비한다. 그때마다 그는 '아침 등산이란 이런 진짜 등산을 위한 워밍업에 불과하지.' 하고 목을 빳빳하게 세운다. 그날 일행은 세 명. 출발부터 그는 앞장선다. 금방 다른 둘과 멀어진다. 시계視界가 트일 땐 잠시 보였다가 굽이돌면 그만이다. 이윽고 그는 '왜 그리 늑장이냐'고 핀잔한다. 정상에서 기다린다며 또 앞서 나간다. 달밤의 체조가 제대로 워밍업의 구실을 한 것인지 그는 잘도 오른다.

정상에선 좁쌀로 빚은 황금 막걸리를 한 주발씩 마신다. 시원 새콤한 맛이 일품이다. 다른 등산객들도 무엇인가 입맛들을 다시고 있다. 그는 비닐봉지를 꺼내 주변의 쓰레기들을 주섬주섬 담아 배낭에 넣는다. 내려가는 길은 서로 신경 쓰지 말고 예약된 그 집에서 웃자고 선언한다.

고개를 넘고 보니 오르던 길과는 비교가 되지 않는 급경사다. 덮친 격으로 돌밭이다. 군데군데 줄도 매어져 있다. 어찌된 일인지 금방 왼쪽 무릎이 뻐근해진다. 두 사람은 벌써 저만치 앞서고 있다. 그는 발부리로 쏟아지는 긴장을 좀 풀어야 한다는 생각을 한다. 좌우로 '갈 지之'자를 넓게 그리며 천천히 걸어본다. 한결 부드럽다. 줄이 매어져 있는 곳에선 철저히 그 도움을 받는다. 어느 모퉁이를 돌 때 "어허! 돌밭에서 웬 춤이야." 하는 비양조의 목소리가 튀어나온다. 두 사람이 퍼져 있다. "산이 좋아서…." 그는 아무 일도 없는 것처럼 그들을 앞지르는 '거북'이 된다. 이윽고 완만한 좁은 길이 나타난다. 비로소 녹음과 하늘이 보인다. 새삼 이 땅이 금수강산임을 만끽하게 된다. 두 사람이 어깨를 툭 치며 나타난 건 바로 그 집 문전에서다. 그는 예약 확인이 급한 듯 빨리 걷는다. 역시 일등은 그의 차지다. 자리 잡고 앉았을 때, 두 사람이 그에게 산을 잘 타는 비결이 뭐냐고 묻는다. "비결? 그런 건 없어. 철학은 있지. 싸목싸목이야." 하고 그는 피식 웃는다.

왼쪽 무릎마디를 줄곧 주무르면서.

몇 순배 잘 돈 흥건한 자리에서다. 누군가가 지나가는 말처럼 "타임 아닌가." 하고 내뱉는다. 눈길들이 선뜻 그를 스친다. 술자리에서 몇 번 슬그머니 사라진 일을 두고 이죽대는 말이다.

"엄처시하…." 하는 말이 이어지자 그는 분연히 일어선다. "아, 이 답답한 친구들, 미녀에게 무릎 꿇을 줄 모르는 사내가 사내냐. 나는 엄처시하가 아니라 아름다울 미美자, '미처시하'다. 그대들 같은 '범처시하'의 참새들이 어찌 그 흉리를 헤아리겠느냐. 그래서 오늘은 내가 그대들의 그 몽夢(어둘 몽)을 계啓(열 계)한다는 의미로 밤을 지샐 미주를 산다. 실컷 마셔라!" 환호와 박수! 삽시간에 권주하는 말이 참새 소리로 바뀐다. '짹짹, 짹짹', 잔 돌림이 웃음 물결을 탄다. 밤바다의 정겨운 밀물이 된다. 그는 늘 그런 '품위'를 누리고 싶어한다.

한 이십여 일, 그는 뜻밖에 자취학생 때로 돌아갔다. 부인의 외유 때문이다. 밥 짓고 청소하고 빨래하고 문단속하고 개밥 주고…. 생각보다 일거리가 수월하진 않았다. 그러나 접시 하나 깨트리지 않는 성공을 거둔다. 돌아온 부인은 만면에 웃음을 띠고 그 노고를 칭송한다. 그는 부인의 시차문제를 걱정하고 풀릴 때까지는 계속 밥도 안치고 청소도 하겠다고 폼을 잰다. 부인의 경탄이 온 집안을 안온하게 덮는다. 부인은 다시 새벽기도에 나가겠다고 한다. 네 시만 되면 자명종이 운다. 덩달아 일어난 그도 무엇인가 하지 않을 수가 없다. 저절로 하던 일에 손이 갈밖에.

그리하여 그는 또 한 몫의 일을 자청하는 꼴이 된다. "사대부 후손 체면이 말이 아닌데…." 불만처럼 내게 던진 말이다. "미처시하에선 찾아서 할 일이 더 있을 걸." 하고 나는 빙긋이 웃는다.

그의 집에 십 년이 넘은 족보도 없는 개가 한 마리 있다. 같잖게도 육류가 곁들여지지 않으면 밥을 먹지 않는다. 부인이 몇 번 시장에서 팔고 있는 사료로 먹이를 바꿔보려 했지만 번번이 실패, 개가 결국 승리를 누리고 있는 셈이다. 언제부턴가 그 일도 묘하게 그의 몫으로 옮겨져 있다. 그리하여 그는 오늘도 고깃집에서 비닐 꾸러미를 달랑달랑 들고 나온다. 나는 또 한번 빙긋이 웃는다.

(2001)

2 · 적 · 시 · 타

열쇠

나는 세 개의 열쇠를 지니고 있다. 한 고리에 모아진 고만고만한 것들이다.

손바닥에 올려놓고 보면 신묘한 느낌이 든다. 그 작은 쇠붙이들이 어쩌면 내 일상을 그리 단단히 틀어쥐고 있는 것인가. 밖에 나갈 땐 만형 격인 키 큰 녀석이 '부르릉' 하고 길을 열어준다. 집에 돌아오면 둘째가 '찰칵' 하고 대문을 따준다. 현관 앞에 서면 셋째가 '스윽' 하고 가볍게 인사를 한다. 하루의 틀을 짜준 녀석들이다. 그러나 그것들이 호주머니 속에 있을 때는 좀 거치적거리고 무겁고 귀찮은 생각이 든다.

열쇠 하면 자물통이 연상되고 자물통 하면 어릴 적 우리 집 고방문庫房門의 쇠통(자물통)이 생각난다. 고방은 쌀 · 보리 등의 곡식과 그 씨앗을 보관하는 곳이다. 그 문엔 언제나 주먹만한 쇠통이 덕성스럽게 잠겨 있었다. 필요할 때 잠깐 잠깐 열리곤 늘 철옹성이었다. 그 쇳대(열쇠)는 어머니가 관리했다. 할머니 할아버지의 자상한 통제 속에.

방마다 가구들에는 다 잠금장치가 있었다. 그러나 그 크고 작은 쇠통들은 잠기지 않은 채 꽂혀만 있었다. 집을 비우게 될 때도 어른들은 밖에서 방문 고리만 살짝 걸 뿐, 쇠통을 채우지는 않았다. 사립문엔 아예 밖에서 거는 고리도 없었다. 나갈 때 문설주에 끌어다 붙이는 것으로 부재不在를 나타냈다. 나의 소년시절은 거의 쇳대가 필요 없는, 말하자면 열린 세상이었다.

'반공을 국시의 제일의로 삼은 정권'이 들어서면서 '보안점검'이니 '보안감사'니 하는 올가미가 공직사회를 꼼짝 못하게 했다. 퇴근 후 탁자 위엔 종이 한 장이라도 남아선 안 되었다. 탁자서랍이나 문서함엔 모조리 자물통이 채워졌다. 손에 손에 열쇠들이 쥐어졌다. 서슬 푸른 긴장이 사뭇 이어졌다.

나는 얼른 그에 적응하지 못했다. 무엇보다 탁자서랍에 든 그 평범한 책들이나 일상적인 서류들이 왜 갑자기 그렇게 중요한 보안대상이 되는지 알 수가 없었다. 덮친 격으로 열쇠 간수도 잘 되지 않았다. 걸핏하면 자물통에 꽂아놓은 채 그대로 두기 일쑤였고 호주머니까지는 잘 넣었는데 공연히 꺼내서 만지작거리다가 잃어버리기도 한두 번이 아니었다. 열어놓고 지내던 버릇이 그리 쉽게 고쳐지지 않았다. 몇 차례 지적도 받고 걱정도 들었다. 나의 청장년시절은 말하자면 그렇게 닫혀 산 셈이다.

세월따라 열쇠도 자물통도 무척 달라졌다. 아직은 쇠붙이가 주종이지만 번호 열쇠, 카드 열쇠, 원 터치 리모컨 등 다양하다. 자물통은 더욱 눈부시다. 고리에 걸던 자물통들은 사양길에 접어든 지 오래다. 몸통은 안으로 숨고 겉으론 열쇠 구멍이나 번호판, 카드 그을 통로만 내놓고 있는 것들이 대종이다. 여닫이 기능을 함께 갖춘 자동문들이 파죽지세로 확산되고 있다.

생각하면 정신적 · 서정적 측면에서도 열쇠의 역할은 긴요한 것 같다. 산다는 것은 어차피 어울려 사는 것. 여러모로 어울리다 보면 자연히 얽히고설키게 마련이다. 그때마다 이른바 '키워드'는 찾아야 할밖에 없지 않던가.

만능열쇠가 있다는 말을 들었다. 자물통의 이치를 꿰뚫고 있는 키센터 사장은 직무상 그런 걸 하나 가져서 마땅할지 모르겠다. 그러나 그것을 너나없이 갖게 된다면 그것은 열쇠의 존재이유를 말살하는 것이 된다. 방범체계를 흐트러지게 하는 어리석은 일이기도 하다. 그건 아예 있어서는 안 될 물건이다. 그러나 이를 활용한 밤손님의 신출귀몰한 행각이 심심찮게 보도되고 있으니 걱정스럽다. 그들과는 아무래도 '핵무기확산금지조약' 같은, 협정을 체결해서 '직장의 안전보장'을 꾀해야 하지 않을까 싶다.

사람도 그런 만능열쇠가 될 수 있을까. 같은 영역, 같은 길을 가는 사람들은 끼리끼리 앞서거니뒤서거니 비슷한 역할을 할 수 있을 것 같다. 뒤따라 출발한 사람들이 앞선 사람들의 생각이나 행적을 열쇠로 삼아 새 경지를 줄곧 연다면 그것은 훌륭한 열쇠들의 연계가 될 것이다. 그 경지가 높고 빛나면 빛날수록 다른 영역과 손을 잡는, 또 하나의 큰 열쇠로 차원을 달리하게 될 것이다.

그쯤 되면 그것이야말로 정말 사람의 만능열쇠라 할 만하다.

내겐 희한한 경험이 하나 있다. 당시 나는 직장의 관행대로 출근하면 바로 캐비닛 잠금장치를 풀어놓곤 했다. 그때마다 나는 수첩에 적힌 번호를 보면서 다이얼을 돌렸다. 동료들이 그 답답함을 빈정대면 "내게 그런 걸 욀 재주가 있었다면 옛날에 고등고시 했지, 이 사람들아." 하고 얼버무렸다. 한번은 수첩을 집에 두고 간 일이 있었다. 즉각 집으로 'SOS'를 쳤다. 그 사이가 무료해서 그냥 다이얼을 좌, 우, 좌로 돌려보았다. 뜻밖에 고등고시 통과의 낭보같이 '철거덕' 하고 문이 열렸다. 그 동안의 무수한 반복이 나도 모르게 나를 정확한 하나의 열쇠로 만들어 놓았던 것이다.

자동차의 물결이 도도하다. 주머니 속에서 거치적거리고 있는 열쇠꾸러미 따윈 이미 버렸어야 할 것인지도 모른다. 입력체계만 갖추면 만사가 형통되는 세상이다. 자동문이야 이미 일반화되었지만 승용차도 입력된 오너가 운전석에 앉으면 부르릉 발동해야 하지 않을까 싶다. 그런 게 벌써 나왔는지도 모르지만. 말 한마디 동작 하나가 바로 자물통도 되고 열쇠도 되는, 그래서 더욱 편리하고 편안한 나날이 되고 있음을 난 익히 알고 있다. 그러나 생각하면 어느 날 내가 홀연 '캐비닛 열쇠'가 되었던 것처럼 어느새 또 그 편리한 '명령만 내리는 노예'로 갇히게 될지도 모를 일 아닌가.

나는 이따금 막힌 일들을 열쇠와 연관하면서 이런저런 상념에 젖곤 한다. 눈부신 자동화시대에 재빨리 쫓아가 그 부품으로 끼는 게 영광이지, 그걸 왜 전락轉落이라고 회의해야 하는가. '좋은 게 좋은 것 아니냐.'는 유혹이 만만치 않다. 그래, 편하면 그만이지…. 그런 생각이 곱씹어진다. 주인으로 세워질 열쇠가 마땅찮아서일까.

(2000)

가령 말이제

"가령 말이제(말이지)…."

'령' 소리만 턱없이 높고 크고 길었다. 첫소리 '가'는 아예 묻힌 상태였고 짧게 내리죽는 '말이제'는 '말제'인지 '말'인지 구분이 잘 되지 않았다. 말이라기보다는 높은 노랫소리의 한 대목 같기도 했다. 그렇다고 무슨 테너의 열창은 더더욱 아니었다. 중터 할아버지의 한이 서린 한밤의 육성이었다.

중터 할아버지는 소거간이었다. 안목이나 시세 파악은 남 못지않았지만 선천적인 과묵이 이를 제대로 아우르지 못했다. 그 씁쓸함을 그는 술로 달랬다. 술이 거듭되면서 닫힌 입이 열려, 한때는 명거간이란 말을 듣기도 했다. 그러나 주머니 사정은 노상 마찬가지였다. 그만큼 술자리가 빈번해지기 때문이다. 거간이 생계수단인지 술 마시기 위한 방편인지 아리송했다.

ㅇ씨의 얘기다. 홍정을 끝낸 중터 할아버지가 종이쪽에 무엇인가를 긁적이더니 도장까지 찍어 상대에게 서슴없이 주더란다. 까막눈임을 잘 알고 있는 ㅇ씨가 다가가니, "왜? 일자무식이기는 피장파장이제. 그래도 팔고 산 '찡'(증서)은 있어야 할 것 아닌가. 하하하…." 중터 할아버지는 말하자면 그런 사람이었다.

중터 할아버지의 기행奇行은 사뭇 미스터리로 남아 있는 그의 출분出奔을 꼽지 않을 수 없다. 그는 낮잠 자는 막내를 깨워 "애비가 밖에 좀 나간다. 한 3년 걸려. 식구들한테 그리 말해." 하곤 표연히 종적을 감추어버렸다. 집안이 발칵 뒤집혔다. 애꿎은 막내만 왜 어디 가시냐고 캐묻지도 못했느냐고 졸경을 치렀다.

식구들이 발 벗고 찾아 나섰지만 허사였다. 겨우 얻어들은 건 술이 거나해지면 느닷없이 배워야 한다고 주먹을 불끈 쥐곤 했다는 얘기뿐이었다. '어디서 공자님 맹자님 왈왈하고 있을 거라'고 빈정거린 사람도 있었다. 원망에 찬 걱정 속에 할아버지의 소식은 석 달이 두세 번을 흘러도 아득한 안개 속이었다. 가족들은 애가 살이 된 채 마냥 기다릴 수밖에 없었다.

중터 할아버지가 돌아온 건 삼 년이 훌쩍 넘은 어느 날, 마침 집엔 아무도 없었다. 할아버지는 가방을 윗목에 밀어놓은 채 편안하게 드르렁거렸다. 밭에서 돌아온 할머니가 기겁을 하고, 허겁지겁 이웃사람들을 데리고 와서 방에다 대고 "누구냐?"고 소리를 질러댔다. 푸시시 일어난 할아버지는 문을 열고 "나야, 나. 모두들 잘 지냈제." 하고 태연했다. 그날 밤, 할아버지 댁에선 조촐한 골목 잔치가 벌어졌다.

할아버지는 여전히 말이 없었다. 그냥, 그냥 일해 주고 밥 얻어 먹고 이것저것 좀 배웠다는 애기만 했다. 배운 것이 무엇이냐고 물어도 '이것저것'이라고만 했다.

쇠전에 나타난 할아버지는 얼른 거간에 뛰어들질 않았다. 소를 예술품 감상하듯 살피면서 고개를 끄덕이기도 하고, 갸우뚱하기도 하고, 흔들기도 하고, 뭐라고 중얼거리기도 했다. 때로는 만져보고, 눌러보고, 두들겨보고, 걸려보기도 했다. 네댓 장을 그는 그렇게 보냈다.

그날도 할아버지는 출근하듯 쇠전에 나갔다. 휙- 한바퀴 돌다 말고 어떤 소 옆에 멈춰 섰다. 몇 군데를 눌러 보는가 했는데 갑자기 소가 화들짝 뛰었다. 가까이 있던 다른 소들도 덩달아 뛰었다. 반사적으로 그도 몇 발짝 물러섰다. 주인의 놀란 목소리와 함께 주위 사람들이 우르르 몰려들었다. 그의 손에는 낯선 침이 쥐어져 있었고 소는 약간 피를 흘리고 있었다. "아니, 아니" 하고 달려드는 주인에게 중터 할아버지는 눈을 부릅뜨고 일갈했다. "몸이 안 좋아. 그냥 팔면 제값 다 못 받아. 인자(이제) 괜찮을 텐께 두어 장 동안만 잘 먹여가지고 나와. 무슨 일이 생기면 내게 연락하고." 그 위압에 주인도 그만 주춤해지고 말았다.

그 소문은 삽시간에 축우畜牛 농가의 복음처럼 퍼져나갔다. '아무개는 소귀신이 내려서 쇠침쟁이 아니, 소 의원醫員이 되었는데 아무리 큰 병에 걸린 소도 침 한방이면 끝내준대!' 전설 같은 풍문이 구름처럼 떠돌았다. 중터 할아버지의 그 말없는 돌출행동과 변신은 정말 전설적이라 할 만했다. 그리하여 그는 언제 해가 뜨고 지는지도 모를 바쁜 나날을 보내게 됐다.

우리 집에서 본 일이다. 중터 할아버지 앞에 막내 삼촌이 벌겋게 부은 볼기를 내놓았다. 할아버지는 앉기가 불편하다며 목침을 하나 가져오라고 했다. 내가 즉시 대령했다. 환부를 자근자근 누르는가, 했는데 '앗!' 소리와 함께 삼촌이 옆으로 쓰러졌다. 환부에다 못 박듯 침을 목침으로 때려 꽂은 것이다. 노란 고름이 쫙 쏟아졌다. 그는 큰방 문의 풍지를 쭉 찢어 와서 빳빳하게 말았다. 그걸 심으로 환부에 꽂고 고약을 붙였다. "고름이 깊어. 새살 채우려면 개 한 마리 잡아." 하며 일어섰다.

삼촌이 얼떨결에 "침 값, 치료비, 수술비" 하며 자세를 바꾸었다. "그렇구나. 듬뿍 받아야제. 그것 참, 허나 걱정할 건 없다. 쇠침으로 사람을 고쳤으니 더 무얼 바라냐. 네 살이나 빨리 채워." 명령하듯 한마디 던지곤 총총히 발길을 돌렸다.

중터 할아버지의 소 사랑은 거의 종교적이었다. 보상을 바라지 않는 따뜻한 침술봉사였다. 곡식 말이나 혹은 몇 됫박을 집으로 보내준 사람이 전혀 없진 않았지만 대개는 술대접이 고작이었다. 어느새, 할아버지는 소만큼 술도 사랑하는 주선酒仙이 되었다. 귀가가 늦어지고 그 꼬부랑 돌밭 길이 언제부터인가 '가령 말이제'로 채워지기 시작했다.

'가령 말이제….' 그것은 중터 할아버지의 희한한 명정酩酊의 절규였다. 고샅 사람들은 그 때문에 하루의 피곤을 풀어야 하는 한밤의 단잠을 마냥 설치곤 했다. 그러나 아무도 이를 탓하는 사람은 없었다.

왜 '가령 말이제'였을까? 내가 좀더 재재거릴 수 있었다면, 글을 배웠더라면, 소를 사랑하지 않았더라면, 술을 좋아하지 않았더라면… 이러쿵저러쿵 했을지 모른다는 그 현실성이 새록새록 뭉크러진 때문이었을까. 어떻든 그의 귀로는 그 같은 일연의 사념을 타고 노상 소리소리 휘청거렸다. 나는 그 허상세계와 현실세계와의 불연속선不連續線 속에서 더할 수 없는 고뇌랄까 순수랄까, 그런 것들이 막연하나마 빈번히 되새겨지곤 했다.

(2000)

다리

동구 밖에서 읍내 가는 길로 들어서면 저만치 서시내西施川 다리 북단北端이 보였다. 두렁길보다 약간 높은 신작로가 다리 부근에서 차츰 둑이 되어 이어진 탓으로 떨어져서 바라보면 무슨 동산 위의 다리처럼 우뚝했다. 구례읍求禮邑과 마산면馬山面의 경계이기도 한 이 다리는 내 학동시절 등하교 길의 분수령이기도 했다. 그곳만 지나면 그만큼 학교도 집도 가깝게 느껴졌기 때문이다.

서시내 다리는 읍내 학교를 다니는 몇 안 되는 우리 꼬마들의 자연스런 운동장이었다. 날씨만 좋으면 언제나 시합이 벌어졌다. 빨리 걷기, 달리기, 모둠발 뛰기 등의 경기가 밥 먹듯이 이루어졌다. 심지어는 난간 위 걷기나 뛰기도 주저하지 않았다. 그러나 결과가 분명한 달리기를 제외하고는 걸핏하면 속임수의 시비로 목청이 높아졌다. 생전 외면하고 살 것처럼 식식거리며 '횅' 돌아서기 일쑤였다.

서시내의 겨울은 지리시간에 배운 중강진中江鎭의 추위었다. 북새바람이 사온四溫을 무찌르고 삼한三寒의 칼날을 세우면 다리 위엔 사람들의 발길이 뚝 끊어졌다. 반바지에 장갑, 귀돌이, 마스크만이 허용됐던, 일제하日帝下 우리 꼬마들은 포연을 뚫고 적진에 돌격하는 용사들처럼 이 '중강진'을 혼신의 힘을 다해 돌진해야 했다. 날릴 듯 쓰러질 듯 휘청댔던 그 전진은 그런대로 꼬마들에게 전우애 같은 끈끈한 일체감을 일깨워 주었다. 멍든 빛으로 얼룩진 종아리, 굳을 대로 굳어진 얼굴 근육, 그것은 우리들의 자랑스런 '겨울 훈장'이었다.

언젠가 다리 남단南端 바로 아래 신작로를 관통하는 봇도랑을 개수할 때, 큰물이 진 일이 있었다. 길이 잘려 버렸다. 'ㄷ'자 열린 쪽을 위로 세운 것 같은 작은 단애斷崖. 어떻게 그런 협곡이 만들어졌는지, 그 의장이랄까 구도가 우리들을 아찔하게 했다. 아니, 섬뜩하게 했다. 되돌아선 꼬마들은 누가 먼저라 할 것도 없이 위로 백 미터쯤 떨어져 있는 '요강소' 바로 아래 여울목으로 갔다. 걷어 올리나 마나 어차피 젖을 바지였지만 그래도 한껏 가랑이를 걷어 올리고 윗도리, 책보, 신발 등을 모조리 머리에 인 채, 조심조심 건넜던 일이 있다. 이따금 그려지는 아름다운 영상이다.

외지 유학을 하게 되면서 나는 섬진강을 가로지르는 잔수 다리를 건너가고 건너왔다. 서시내 다리와는 비교가 되지 않는 높고 긴 다리였다. 서시내 다리가 도랑이나 개울의 징검다리, 돌다리, 나무다리 등을 건너보았던 내게 잔잔한 설렘이었다면 잔수다리는 한마디로 산뜻한 경이였다. 이윽고 왕래하게 된 한강 다리는 경외스럽기까지 한 충격이었다. 뭉게구름처럼 이어진 웅장한 아치는 완전히 나를 사로잡았다. 다리의 존재이유가 단순한 교통수단만이 아니라 시민의 서정과 미감을 일깨우는 위안의 공간으로서도 막중함을 알게 하였다.

기술과학의 발달은 우리의 삶을 날로 편리하게 하고 있지만 다리 기술이 안겨 준 편안함 역시 놓칠 수 없는 기쁨 중의 하나다. 한강을 장식한 아름다운 다리들을 위시해서 전국의 하천에는 무수한 다리들이 놓여졌고, 놓여지고 있다. 섬들의 외로움을 뭍으로 끌어안기 위한 거대한 다리들이 그 사랑만큼이나 아름다운 포물선을 또한 다투어 긋고 있다. 물위뿐 아니라 땅위에도 숱한 다리들이 생겨나고 있다. 고속도로 진입로는 물론 도심에도 육교, 오버 브리지, 고가도로란 이름의 신종 다리들이 이중 삼중으로 얽혀지고 있다.

다리의 일의적 임무는 뭐니뭐니 해도 길과 길의 접합이다. 그 임무를 수행하되 주변의 어떤 흐름도 방해하지 않는 것이 다리가 갖는 덕성이다. 덕성을 실천하되 길손을 위한 서정적 미감을 차분히 채색하는 것이 다름 아닌 다리의 예술이다. 다리의 속성은 바로 더불어 사는 사회의 한 바탕이기도 하다.

그런데도 우리는 한강에서 두 번이나 아름다운 다리의 절단을 보았다. 6·25 전쟁 당시 그 어마어마했던 한강대교의 폭파와 '신한국 창조'의 구가謳歌가 드높던 시기에 느닷없는 성수대교의

'폭삭'이 바로 그것이다. 첫 번째는 전쟁이라는 극한상황에서 의도적으로 자행된 것이었으니 논외로 접어 둔다 치더라도 두 번째의 경우는 어떤 이유로도 용인이 되지 않는 참담한 사태였다.

성수대교의 폭삭은 단순히 한 다리의 붕괴가 아니다. 잠깐 모양새가 보기 사납고 교통이 불편한, 그런 일과성의 사고가 아니다. 그것은 다리 건립에 관련된 당국자, 설계자, 시공자, 감독자 등 모든 사람들을 종횡으로 잇고 있는 숱한 다리들이 한꺼번에 무너지는 일대춘사一大椿事다. 국민 상호간의 다리에 금이 가고 신뢰가 휘청대고 양식良識이 묘연해지는, 참으로 통탄스런 배신이다. 다른 나라 사람들이 새삼 '돌다리도 두드려 보고 건너'려는 불신을 노골적으로 나타냈으니 얼마나 창피하고 속 터진 손실이었던가.

월여 전에 나는 오랜만에 귀향길에 올랐다. 춘향터널을 벗어나니 구례, 순천으로 내닫는 고속화도로가 산뜻한 미소를 보냈다. 갑자기 차량의 왕래가 뜸해진 새까만 쾌주로快走路! 액셀러레이터가 그 삼매경을 불렀다. 나는 결국 경찰관의 저지를 받게 되었지만 그것은 오히려 싱그러운, 황홀한 범칙으로 여겨졌다. 길은 서시내 다리 앞에서 왼편으로 우리 동네 가는 길을 터주고 오른편으로 돌아 곧장 순천으로 직진했다.

동구 밖을 나가 보았다. 서시내 다리는 거창하게 앞을 가로막은 새 도로에 가려져 선뜻 보이지 않았다. 경지 정리로 넓고 반듯해진 농로들이 옛 두렁길을 완연히 지워버려 흔적도 없었다. 나는 가만가만 서시내 다리를 가 보았다. 네 곱으로 넓혀진 폭이 그만큼 다리 길이를 짧게 잘라 놓은 듯했다. 만감이 서렸다.

일찍이 이 다리에서 친구들과 얼려 기뻐하고 다투고 토라지기도 했던 일들이 그대로 내 대화 인생의 바탕이 아니었던가. 멍든 빛깔로 점철된 '중강진' 돌진의 내 종아리는 그대로 내 의지인생의 자양이 아니었던가. 큰물이 잘라 버린 신작로의 단애 앞에 섬뜩했던 두려움이 그대로 내 자연에 대한 경외심의 단초가 아니었던가. 다리에 대한 이런 이미지가 내 성장과 함께 쌓이고 닦여서 성수대교의 폭삭 앞에 그렇게 절절히 분통하고 참담해 했던 것일까.

나는 한참 동안 하상河床이 바뀌어 자취도 없이 사라져버린 요강소 쪽을 망연히 바라보았다. 나도 몰래 '고향에 고향에 돌아와도/ 그리던 고향은 아니러뇨'가 흥얼거려졌다.

(2000)

처노설妻奴說

부부동반의 한 모임에서다. 퇴직한 일본 남자들이 걸핏하면 이혼을 당한다는 얘기가 화제에 올랐다. 세태를 한탄하는 목소리들이 분분했다. 부인들을 아예 '해라' 투로 하대해온 그들의 자업자득이 아니냐는 지적도 있었다. 한 부인이 "우리라고 안심할 일은 아닌데요." 하고 찡긋하는 바람에 모두들 손뼉을 치며 웃었다.

"그래도 아무개는 끄떡 없을 거야. 부인께선 아마 다시 태어나도 역시 아무갤걸." 하는 말이 불쑥 나왔다. "쓸데없는 소리!" 나는 벌떡 일어서며 팔을 내저었다. 지나친 반응이었던지 폭소가 와르르 쏟아졌다. 자연스럽게 눈길이 아내에게 쏠렸다. 아내는 거북한 웃음을 날리며 "다 정으로 봐주신 덕이지요." 하고 정중히 고개를 숙였다. 휴-, 나는 가만히 안도의 숨을 토했다. 틀림없이 '그 말'이 나올 것으로 여겼는데 아니었기 때문이다.

부부란 무슨 조화인가? 평생을 소곤소곤, 티격태격 얼려 사니…. 어떻든, 세상 남자들에겐 아내란 더없이 소중한 존재다. 하물며 이 땅의 요조숙녀임에랴. 젊었을 땐 꿈길에도 삼삼한 연인이, 살다 보니 어느새 믿음직한 동지가 되어 있고, 늙마엔 자상한 간호사가 되어 있으니 이에 무엇을 더 바라랴. 남자들은 그래서 어쩌다 아내를 여의는 슬픔을 겪는다 해도 한참 지나고 나면 대체로 새 아내를 맞이하게 마련이다.

흔히 애처가니 공처가니 하는 말들을 한다. 엄처시하라는 말도 한다. 나는 그 어디에 속하는지 가끔 궁금할 때가 있다. 겉도는 소문보다는 아내의 평가가 소중한데 아내는 마냥 입을 다물고 있으니 답답하기만 하다. 그런데도 나는 시방 엉뚱하게 처노妻奴임을 설說하는 펜을 들고 있다. 정진권, 강호형 두 선생이 '연노설煙奴說' '주노설酒奴說'을 잇달아 발표한 바 있는 데, 그 '○노설'이란 '노'자가 문제의 '그 말'과 상통한 무엇이 있는 것으로 직감된 탓이다.

부부의 사랑을 그 자세로 풀어보면 묘한 생각이 든다. 마주보고 한발 한발 다가가면 결국 맞닿게 마련이다. 눈이 감기고 코가 눌려지고 입이 닫힌다. 그 때 귀는 있으나 마나다. 이건 그대로 대결의 자세이기도 하다. 사랑을 '성의 투쟁'이라고 보는 견해가 바로 그런 시각일 것이다. 그러나 그 싸움은 도시 승패를 가늘 수가 없다. 각기 패퇴한 것도 같고 함께 승리한 것도 같다. 그 미진함이 결국 끊임없는 재대결을 부추기고 있는 것인지도 모른다.

믿거나 말거나 이 땅의 남편들은 다 애처가인 줄 안다. 특히 아내가 바로 연인이던 시절이야 말해 무엇 하리. 그 땐 나도 제법 '애처가' 대열에 끼었다. 아내도 아마 꽤 점수를 주었을 것이다.

그런 아내가 어느 날, 우뚝 애엄마가 되었다. 승리의 보상인지, 패퇴의 위로인지 알 수 없는, 그 '천하의 보물'을 얻고 나서, 아내는 말과 행동이 날로 달라졌다. 아이와 더불어 시를 읊고, 노래를 부르고, 춤을 추었다. 때론 먼 하늘을 우러렀다. 나는 소리 없이 뒷전으로 밀렸다. 어느새, 자세도 각기 좌우로 45도씩 돌려진, 가로선상에서 어깨를 나란히 하고, 같은 방향을 바라보는, 전우 같은 동지로 바뀌어져 있었다. 그런 변모는 사실상 거의 아내의 주도로 이루어지고 있었다.

어느 날, 아내는 느닷없이 집을 짓자고 했다. "웬 집은?" 무심한 나의 반응에 아내는 "그럼, 애들 학적부 가정란에 '셋방'이라고 쓰게 하실래요. 명색이 교장선생님 따님들인데…." 하고, 냉소적인 표정을 지었다. 그때까지만 해도 나는 "언제든 가리/ 나중엔 고향 가 살다 죽으리" 같은 시구에 문득 눈을 감곤 하는, 철부지였다.

나는 얼얼해졌다. 학적부 운운하는 따끔한 일격에, 서둘러 은행을 찾고 고향에도 몇 행보 했다. 아내는 평면도 그리기에서부터 공사 뒷바라지까지, 어김없는 '또순이'였다. 나는 구경꾼처럼 퇴근 후에나 한 번 돌아볼 뿐이었다. 나중, 집들이를 하고 보니 처음 생각했던 것보다는 한결 넓은 것 같았다. 아이들이 온 집안을 쿵쾅거리고, 옥상까지 거침없이 오르내렸다. 아내의 눈엔 미소 같은 이슬이 맺혔다.

아내는 손바닥만한 마당을 오밀조밀 정리했다. 가구가 놓여야 할 빈 자리들을 하나하나 메워나갔다. 정치하게 따지고 완급을 사렸다. 그 실학적인 모습이 얼마나 미덥던지 나는 속으로 몇 번이나 동지적 악수를 했다. '엄처시하'의 편안에 젖어, 어느새 그걸 좋아하고 있었다. 아내야 뭐라고 하든 말든.

성큼 퇴임을 맞게 되었다. 나와는 무관한 것으로 알고 무심했었는데 막상 출퇴근을 안하고 보니 세월이야말로 내 생각과는 무관한 것이었다. 아직 혈압약 한 알도 챙기지 않고 있지만 그래도 누님 같은 간호의 손길이 분명 곁에 있어야 할 객관적 시점時點에 와 있었다.

그런데, 사실은 내가 오히려 아내를 도와야 할 형편이었다. 얼른 풀리지 않는 어깨와 허리의 불편 때문이다. 나는 이때야말로 아내의 그 멍을 자연스럽게 가시게 할 절호의 기회란 생각을 했다.

새벽마다 아내는 기도회에 나갔다. 갈 땐 교회 차에 편승했으나 올 땐 50여 분의 거리를 걸어왔다. 그 직심을 나는 '하나님의 훈훈한 역사'라고 부추겼다. 실은 걷기의 실효에 더 관심하면서도.

그 사이, 나는 학생 때의 자취 솜씨를 불러서, 쌀을 안치고 국을 끓였다. 현역시절의 사제동행을 떠올려서, 방도 마루도 주방도 털고 쓸고 닦았다. 굼뜬 대로, 아-, 그 깔끔한 충만감이야!

"아! 다 해놨네." 돌아온 아내의 탄사였다. 그러나 그건 회回를 거듭하면서 단순한 '습관적 동작'으로 묻히고 자질구레한 그 밖의 일들이 예사로 더해졌다. 그때마다 나는 담임선생님의 심부름을 최상의 영광으로 생각했던 '초등학생의 미소'를 되찾곤 했다.

그러고 보면 미욱한 대로 나는 '애처가' 시기를 거쳐 '엄처시하'를 좋아했고 다시 격을 높여 제법 '처노'의 경지를 즐기고 있는 셈이었다. 아내가 들으면 또 무슨 홍소哄笑 소동을 펼칠지 모르지만.

언젠가 퇴근했을 때의 일이다. 아내가 다짜고짜 "당신은 참 좋겠소. 여자들한테 인기 있어서. 모두들 '아이고 선생님이야, 선생님이야' 해대니 기막혀." 하고 푸념을 외었다. 나는 속으로 싫지 않으면서도 "쓸데없는 소리!" 하고 목을 세웠다. 아내는 다시 "아무래도 나만 묘해지고 억울해서 그냥 이실직고했지요." 하고 내 눈치를 살폈다. "무슨?" 그 다음에 토해진 말이 바로 '그 말'이었다. 치솟는 열을 나는 가만히 다독거려야 했다.

명색이 학행일치를 가르쳐 온 교원으로서, 허구를 말하지 않는다는 수필가로서, 그런 말을 듣는다는 것은 뜻밖의 일이었다. 자존의 문제이기도 했다. 그러나 결국 그건 '처노'의 몫이었다. 묵묵히 정성을 기울일 수밖에. 그런데도 '그 말'은 잊을 만하면 슬쩍슬쩍 다시 터져, 나를 곤혹스럽게 했다. 아내의 속셈 탓인지, 나의 미흡 때문인지 정말 알다가도 모를 일이었다. 이 순간까지도.

'그 말'은 매우 평범한, 그리고 간결한 한마디다.

"한 번 살아 보라지…."

(2003)

적시타適時打

가방을 내렸다. 잘못 붙들었는지 뭐가 뚝 떨어진다. 아직 뜯지 않은 미끈한 새 곽이다. 주머니의 조임줄이 풀린 듯. 피식 웃음이 나왔다. 저걸 내가 왜 저렇게 보관하고 있는가? 할 수 없지. 그럴 사람이 나밖에 없으니. 나는 조임줄을 손보고, 다른 준비물도 하나하나 챙겨 넣었다. 옛 대통령의 '유비무환有備無患'의 유훈을 되새기면서.

마침 전화도 받은 터라, 뭉그적댐 없이 고속버스터미널로 직행했다. 공교롭게도 좌석이 내가 좋아하는, 운전기사와 대각선상의 앞자리, 평소 자주 차지하지 못했던 3번석이다. 순풍에 돛을 달듯!

이미 분수령을 넘어선 문우의 투병을 격려하러 가는 길. 자리를 함께할 몇몇 문우들의 그 반어적인 웃음보다리가 분위기를 한결 청량하게 할 것이다. 그것이야말로 투병의 외로움을 딛고 서는 더없는 자양일 터이니 말이다. 그런 상념에 젖으면서 나는 줄곧 차창 밖의 푸름을 완상하고 있었다.

얼마만큼 지났을까. 슬그머니 요의尿意가 곰지락거렸다. 주책없는 녀석, 시공을 가릴 줄 알아야지. 묵살, 묵살! 출발 전에 이미 닦달한 바도 있지만, 설사 그리하지 못했다 할지라도 1시간여의 거리쯤이야 '식전거리도 못 된다'는 것을 녀석 자신이 익히 알고 있을 터인데, 참으로 무엄한 놈이 아닌가.

이변이라면 이변이었다. 아무래도 이변이었다. 녀석이 아마도 시류에 맞춰 이마에 붉은 띠를 불끈 조여 매고 '결사투쟁'을 외쳐대는 것 같다. 아니, 마셨으면 마신 만큼 정직하게 사회에 환원하는 것이 양식良識이 아니겠느냐고, 제법 점잖게 '준법투쟁'을 선언한 것도 같다. 참 고얀 놈이다.

나는 일찍이 이 요의와의 대결에서 승리한 바 있었다. 그때 나는 눈을 감은 채, 허리를 꼿꼿하게 세우고 숨을 깊게 몰아쉬면서 이마의 진땀을 의젓하게 닦아댔다. 그 인고의 전의戰意야…. 마침내 휴게소에 다다랐을 땐, 피차 그로키 상태였다. 나는 얼른 의자에서 일어날 수가 없었다. 차를 내려서면서는 그대로 꼬꾸라지는 줄 알았다. 화장실까지는 기다시피 했다. 그래도 나의 배뇨기관排尿器官은 격을 잃지 않고 차분히 녀석을 주재했다.

세월 탓인가. 나의 이런 역사적 노하우에도 불고하고, '유비무환'에 대한 신념과 그 실천의지에도 불고하고 녀석의 결의를 꺾기엔 어쩐지 역불급일 것 같은 위기의식을 어찌할 수 없었다. 그

때와 마찬가지로 이마엔 줄곧 진땀이 멍울졌다. 이 또한 체내의 액체가 아니던가. 그려, 많이만 쏟아내라. 나는 긴급피난의 돌파구나 찾은 것처럼 두 손을 꼭 모았다. 그러나 애꿎은 하품만 크고 길게 벌어질 뿐이었다.

에스·오우·에스를 칠 수밖에 없다는 막바지 생각을 하기까지는 참고 또 참고 몸을 비트는 숱한 망설임이 있었다. 휴게소가 하나밖에 남지 않은 어느 지점에 이르렀을 때, 녀석은 더욱 기승을 부리기 시작했다. 나의 의식은 깜박깜박했다. 저만큼 휴게소 안내판이 눈에 들었다. 나는, 나도 모르게 대각선 방향으로 허리를 굽혀 모기소리만한 음성을 발했다.

"기사님, 저 휴게소에…."

"안 돼요, 절대 안 돼요."

일언지하의 벽력이었다. 기사가 내 '유비무환'의 신념을 잘 알고 있었던 것인지, 아니면 그건 때때로 육신 앞에선 얼마든지 '무비유환無備有患'의 속절없는 몰골로 일전직하一轉直下할 수 있다는 것을 실증해 주고 싶었던 것인지 알 수 없었다. 허리를 세우고, 지나가면서 휴게소 입구를 슬쩍 보니 기사의 '벽력'은 '절대' 무리가 아니었다. 입구부터 내 어디처럼 팽만해 있었다. 상황이 그리된 데랴. 막바지를 각오하고 눈을 감은 채, 이마에 응축되어 끈적이는 수분을 구원의 샘물이나 되는 것처럼 짜내고 있었다.

"잠깐 내려갔다 오세요."

내 부실한 청력에 그 생생한 목소리는 사람의 소리가 아니었다. 아련한 신! 그렇다. 그것은 신의 목소리였다. 눈을 떠보니 차가 길 가양에 멈춰 서 있다. 나는 차가 그렇게 멈춘 줄도 몰랐다. 용수철처럼 마음은 튀는데 다리는 마비환자처럼 휘청거렸다.

고속버스를 세워놓고 길가 방뇨라니, 이런 망나니 같은 범법이 있나? 명색이 평생 공덕심을 되뇌었던 교원 출신이, 삶 자체를 수필처럼 살아보자던 글쟁이가, 망령妄靈도 이쯤 되면…. 아, 어쩔 수 없는 그 자괴감自壞感.

고개 숙여 '무조건항복'을 선언했는데도 녀석은 좀처럼 힘을 실어주지 않았다. 버스 속에서 기다리는, 피둥피둥한 그 승객들의 군시러운 소리가 스멀스멀해 왔다. 서두를 수밖에. 땅에 닿을 만치 고개를 숙인 채, 그 신에겐 말할 것도 없고, 아무데나 대고 굽실거리며 돌아와 의자에 묻혀버렸다.

이마의 진땀도 크고 긴 하품도 거짓말처럼 멎었다. 무엇인가 기사에게 사례를 해야 할 것 같았다. 돈을 주자니 봉투가 없고, 또 승객 중에 그런 걸 대가성代價性 운운하고 침소봉대할 '소식 장사들'이 없으란 법도 없어서 난감하기만 했다. 퍼뜩 아침에 떨어졌던 그 물건이 생각났다. 그렇구나. 그게 좋겠군.

터미널 가까이서 신호를 기다릴 때, 나는 제 것도 아닌 그것을 제것인 양 신에게 내놓으며 '이렇게라도 감사를 표할 수밖에 없다.'며 정중히 고개를 숙였다. 사양하던 신도 이내 만면에 웃음을 띠었다. 나는 일찍이 그렇게 티 없이 흐뭇해 한 표정을 본 일이 없다. 역시 '신에겐 작은 것도 큰 것'이고나, 하는 생각이 들었다.

그것이 뭐냐고? '타임'이란 궐련卷煙. 금연을 선언한 몇몇 문우들이 가끔 어울리게 되면 고향의 샘물 그리워하듯 회고조懷古調로

한 개비씩 꼬나문다. 그 엑스터시를 나는 상상할 수도 없는 비끽연가非喫煙家지만 그러기 때문에 그 간수가 내 몫으로 공모共謀되었던 것이다. 나는 그것을 그들과 상의 한마디 없이 사사로이 처리했다. 그 '월권'이 나를 위한 행운의 적시타適時打가 될 줄이야!

입에 발린 말이 아니라 투병중인 문우는 날렵한 미인이 되어 나타났다. 그 감동 속에 준비해 온 웃음보따리들이 다투어 섞이고 볼륨을 높여갔다. 나는 슬그머니 자리를 빠져나왔다. 마지막 적시타의 쾌연快煙을 위한 '타임'을 사러. 그래야 환자도 병마를 그 연기에 싸서 보내고 이내 완쾌의 적시타를 날릴 것 같아서다.

원칙의 울타리엔 늘 비상구가 있어서 홀연 숨통이 트이는 것 아니던가?

(2005)

거짓말 같은 이야기

ㅎ이 돌아왔을 때 가족들의 눈이 휘둥그레졌다. 기다리던 편지가 아니라 그 편지를 진즉 보냈어야 할 장본인이 불쑥 나타나 버렸기 때문이다. 걱정의 빛이 자욱해졌다. ㅎ은 볼멘 목소리로 좀 늦어질 것이라고만 했다.

때마침 소식이 궁금해 찾아온 ㅅ과 ㅁ도 어찌된 일이냐며 어이없어했다. ㅎ은 저간의 사정을 죄인 같은 심정으로 털어놓았다. ㅅ이 숨 돌릴 사이도 주지 않고 학교 먼저 가자고 ㅎ을 끌어냈다. 손을 덥석 잡은 담임은 거두절미하고 교장실부터 다녀오라고 했다.

"그 동안 넌 염병 같은 독감을 앓은 환자였어." 하는 담임의 말을 등 뒤로 들으며 ㅎ은 떨리는 가슴으로 교장실을 찾았다.

"담임선생님한테 얘긴 좀 들었다. 그러나 아무리 전시戰時라지만 졸업시험을 안 본 학생에겐 졸업장을 주지 않기로 했다."

내리꽂는 교장의 언명에 ㅎ은 할 말이 없었다. 고개를 숙인 채 묵묵히 서 있었다.

"가 봐!"

두어 번 재촉이 있었지만 ㅎ은 이미 굳어진 장승이었다.

교장은 "종일 그렇게 있어 봐라, 별수 있나." 하곤 밖으로 나가 버렸다.

ㅎ의 눈에선 저도 모르게 눈물이 뚝 떨어졌다. 어찌할 바를 몰라 그냥 뭉그적대고 있었다. 교장이 다시 돌아와 뜻밖에 결시 사유를 물었다.

"저어- 염병을…, 아니 염병 같은 독감을……."

"믿어도 되나?"

"네."

교장은 혼잣말처럼 "하긴 급비생給費生이 졸업을 못한 대서야…." 하고 누그러졌다.

"이놈아, 그렇게 서 있지만 말고 담임선생님께 여쭈어 개별적으로 간단히 추가 시험을 치러. 그리고 그 시험지를 묶어서 내게 가지고 와! 근거를 두어야 하니까."

교장은 ㅎ의 등을 가볍게 두들겼다. ㅎ의 눈에선 뚝, 또 한 번 눈물이 떨어졌다.

"진즉 그랬어야지. 괜히 야단이더니…. 아니, 사실은 낙제하는 꼴을 보았어야 하는데…." 하고 너스레를 떨던 ㅅ이 재빨리 교무실을 다녀왔다. 한 손엔 두루마리 종이뭉치가 들려 있었다.

ㅅ은 거두절미하고 우선 쫓기는 시간부터 잡자고 했다. 그리하여 ㅅ과 ㅎ은 겁도 없이, 참으로 겁도 없이 ㅅ의 하숙방에서 '간단히' 출제하고, '간단히' 답안을 작성하는 기상천외의 사제가 되었다.

ㅅ은 교장의 마구잡이 '결시자 졸업 유보 방침'을 당찮은 옹고집이라고 했다. ㅎ의 경우, 담임이 병결자로 간주하고, 평가 규정대로 처리를 잘했는데 공연히 야단이었다는 것이다. 담임도 생각은 같았지만 웬일인지 묵묵했다는 것이다.

ㅎ은 교장실에 갈 일이 죽을 맛이었다. ㅅ이 척후병처럼 앞서가 교장실 문을 드르르 열었다. 아무도 없었다. ㅎ은 한숨을 내쉬며 답안지 뭉치를 책상 위에 두고 나오려 했다. ㅅ이 "아니, 담임에게 맡기고 가는 것이 좋겠다."고 했다. ㅎ은 말없이 그대로 따랐다. ㅅ이 재빨리 교무실엘 다녀왔다. 담임이 어깨를 두들기며 '빨리 원서나 써 오랬다'고 좋아했다.

ㅎ은 부산했던 몇 날이 꿈결만 같았다. 그 이전의 일들을 떠올리면 더욱 그렇게 느껴졌다. ㅎ은 그때, ㄹ선생을 따라 일본엘 가기로 했었다. 국교國交가 이루어지지 않았던 시절이어서 가는 길이 복잡했다. ㄹ선생이 활어수출선의 사무장이 되어 ㅎ을 그 배에 감추어, 일본에 사는 ㄹ선생 삼촌에게 먼저 인계하고, ㄹ선생은 그대로 몇 번 더 현해탄을 넘나들다가 적당한 기회에 합류키로 하는, 그런 시나리오였다. 말하자면 일종의 밀항, 탈주였다.

졸업 시험을 며칠 앞둔 어느 날, 마침내 ㄹ선생이 배를 타게 된 것이다. ㅎ은 출항에 따를 여러 지시를 받았다. 먼저 ㅅ과 함께 담임을 찾아갔다. 사정을 묵묵히 듣고 있던 담임은 ㄹ선생과 함께라면 걱정할 것이 없다며, 쾌히 장도를 빈다고 했다. 졸업 문제 같은 건 걱정하지 말고 도착하자마자 편지나 빨리 하라고 했다. ㅎ은 집안 어른들에게도 인사했다. 동구 밖을 나설 때, 손에 든 보스턴백이 이상하게도 무거워지고 눈물이 핑 돌았다.

ㅎ이 도착한 곳은 덩실한 기와집이었다. 그곳은 ㄹ선생의 처가였다. ㄹ선생의 장모되는 분이 어떻게 활달하고 친절한지 ㅎ은 전혀 서먹함을 느낄 수 없었다. 그런데도 밤엔 잠이 잘 오지 않았다. ㄹ선생은 일본에서 와야 할 배가 오지 않는다고 어디론가 부지런히 돌아다녔다. 이야기가 점점 달라졌다. 처음엔 선주도 궁금해 한다더니, 나중엔 무슨 사건에 연루되어 배가 억류된 상태라고 했다. 곧 풀리지 않겠느냐더니, 결국 재판에 회부될 것 같다고 한숨을 쉬었다. ㅎ은 쌀쌀한 푸른 하늘을 망연히 바라보는 몇 날을 보내야만 했다.

마침내 ㄹ선생이 단을 내렸다. 사정 투에 가까운 목소리로 아무 대학이나 들어가서 우선 '전시 학생증'을 받고 보장된 신분으로 느긋하게 기다리자고 했다.

"원서 마감이 끝났는데…." 그러나 ㅎ은 아무 말도 못하고 곧 보스턴백을 담담히 챙겨들었다. ㄹ선생의 장모되는 분의 간곡한 위로와 격려가 이상하게도 보스턴백의 무게를 가볍게 했다. ㅎ은 ㄹ선생의 유학 길에 무임승차하려다가 속절없이 좌절된 묘한 꼴이 되고 말았다.

돌아온 ㅎ은 ㅅ과 담임의 호의로 일단 '발등의 불'은 껐지만 내

내 불안을 씻을 수는 없었다. 원서를 어떻게 추가로 넣을 수 있을 것인지 답답했다. 또 그게 그리 된다 해도 합격하지 못하면 그 망신을 어찌할 것인가도 막막했다.

수험표를 받던 날, ㅎ의 이름은 불려지지 않았다. 화급히 ㅅ은 담임에게, 담임은 대학 분부로, 고리 잇기 비상을 뛰었다. ㅎ은 눈을 감고 몇 번이나 심호흡을 했다. 찬 기운이 폐부 깊숙이 스며들었다. 몇 백 시간이나 흘렀을까. ㅅ이 함박꽃 얼굴로 달려왔다. ㅎ은 ㅅ의 손을 꼭 쥐었다. 함께 고사장을 확인했다.

6·25 전쟁이 막바지에 접어든 와중에 ㅎ은 그렇게 고교를 졸업하고 ㅅ과 함께 대학엘 들어갔다. 지금으로선 상상할 수도 없는 얘기다. 그런데도 ㅎ은 이따금 그때의 그 정의情義를 흐뭇하게 떠올리고 가만히 미소 짓곤 한다.

(2002)

목소리

몇몇 시인들이 뜻을 모아 '시 낭송회'를 조직했다. 내게도 그 월례 모임에 참석하라는 초청이 왔다. 시를 잘 모르는 형편이지만 그 낭송은 들어 보고 싶었다. 아스라한 학생 시절이 떠올려져서다. 당시 '문학의 밤'이란 좀 들뜬 행사에 더러 참여한 일이 있다. 그 내용은 이제 까마득하지만 한복을 곱게 차려입고 자작시를 낭독했던 여류시인들의 목소리는 향수처럼 남아 있다. 그 소리가, 그 가락이 느닷없이 그리워진 것이다. 나는 초청장을 핑계로 거북함을 무릅쓰고 조용히 그 모임에 끼기로 했다. 행사장은 '문화의 집' 답게 아담하다. 온화한 조명이 장내를 한결 부드럽게 감싸고 있다. 앙증스럽기까지 한 무대를 비롯한 여러 시설이 아기자기하다. '문학의 밤'을 열었던 ㅊ대학 그릴보다는 사뭇 작은 규모지만 목소리를 분명하게 전해야 하는 낭송회 장소로는 더없이 편리한 구조다.

'목소리 문학'이란 말이 있을 수 있을까. 어쩌면 글로 보는 시와 목소리로 듣는 시가 그렇게 다를 수 있을까. 하긴 일찍이 목소리를 타고 전해진 구비문학이라는 게 있었지. 글이 생기고 그것이 활자화된 후에도 이를 읽는 낭랑한 목소리가 오히려 농촌의 긴긴 겨울밤을 하얗게 밝히기도 했으니. 방송에서도 소설 낭독이 인기를 끌었고, 수필과 시도 심심찮게 그 프로그램에 끼지 않았던가. 성우들의 맑고 아름다운 목소리는 하늘이 내린 선물 같았다. 드라마와는 또 다른 목소리의 향연이었기에.

시인들은 대부분 자작시를 낭송한다. 아니, 낭송한다기보다는 낭독을 한다. 자기가 쓴 작품이니 능히 욀 수 있을 터인데도 굳이 보고 읽는다. 실수라도 할까 봐 그렇게 세심한 주의를 한다.

뜻밖의 충격을 안겨 준 것은 애송시를 낭송한 소설가 ㅅ이다. 뚜벅뚜벅 무대 앞으로 나간 그에겐 메모지 한 장 들려 있지 않다. 쏟아지는 스포트라이트가 거북한 듯 가만히 눈을 감는다. 침묵. 효과 음악의 잔잔한 선율 속에 시 제목과 저자의 이름이 느릿느릿 깔린다. 굵고 나직한 목소리다. 삽시간에 숙연한 기류가 안개처럼 자욱해진다. 다시 침묵. 내용에 맞추어 목소리가 높고 낮게, 길고 짧게, 빠르고 느리게, 세고 여리게 변조된다. 그 틀은 여느 낭송모임과 크게 다를 바 없다. 유달리 귀를 쫑긋하게 한 것은 특이한 그의 '침묵의 입상立像'이다. 글자와 글자 사이, 줄과 줄 사이, 연과 연 사이에 세워지는 그 '침묵의 소리'는 시를 형상화하는 또 다른 목소리가 아닌가! 익히 아는 김광균의 <설야雪夜>를 무슨 모노드라마 같은 감동으로 듣게 될 줄이야….

나더러도 한마디하라고 한다. 나는 옛날 '문학의 밤' 행사 얘기를 잠깐 하고, 혹시나 하며 준비했던 김기림의 <태양의 풍속>을 읽었다. 덤덤한 반응이다. ㅂ이 넌지시 목소리가 너무 작다고 일러준다. 심심찮게 받아 온 지적이다. 마이크의 보완에도 불구하고 그 모양이라면 분명 서글픈 일이다.

교단에 서면 제법 팔팔한 힘이 솟았던 ㅇ여고 시절, 학생들이 이따금 내 수업이 잘 들리지 않는다는 말을 했다. 그럴 때마다 나는 웃으면서 "내 목소리는 교실 하나를 가득 채울 수 있는 타고난 목소리야. 만일 잘 들리지 않는다면 그건 여러분이 정신을 딴 데 두었거나 떠들었기 때문일 거야." 하고 당당하게 거드름을 피운 일이 있다. 사실 나는 한동안 내 목소리에 대한, 말하자면 나르시시스트이기도 했다.

세월의 앙금처럼 머리가 세고, 주름살이 깊어지고, 보고 듣는 총기가 사위어지면 목소리도 그만큼 탄력을 잃게 마련이다. 그런데도 내 목소리는 내 귀에 여전히 서른아홉의 빛깔과 크기로 청청하게 들린다. 그런 몸 안의 소리와는 달리 밖으로는 왜 풀죽은 목소리가 나오는지 알 수 없다. 만나는 사람마다 볼륨 좀 높이라고 등을 다독인다. 귀가 흐려지면 상대적으로 목소리는 커진다는데, 나의 경우는 좀 특이한 징후다.

녹음기에 목소리를 실어 보면 내 목소리 같지 않게 생소하다. 목소리는 객체화할 수 없는 것인지 객체화된 실체가 그런 것인지 도무지 아리송하다. 그러나 사람들은 녹음된 그 소리를 내 트레이드마크로 인정한다. 수긍할 수밖에. 그리고 보면 저간의 내 목소리에 관한 나의 나르시시즘은 한날 철부지의 환상에 불과하다. 아름다운 오류라 할까.

목소리에 역점을 두고 시 낭송을 경청한 것은 바로 위에서 말한 그런 이유에서지만, 그 하이라이트는 대미를 눈부시게 장식한 시인 ㅌ의 낭송이다. 의상이 우선 눈에 확 뛴다. 검은 빛깔의 부드러운 흔들림이 산뜻하면서도 정중하다. 나직한 ㅅ의 목소리와 대칭을 이루는 그녀의 목소리는 한마디로 매력적이다. 낭송의 리듬이 구름처럼 맴돌고 의상과 조명과 백 뮤직의 변환이 그를 감싸며 현란한 앙상블을 이룬다. ㅅ이 낭송의 여백에 침묵을 입상했다면 ㅌ은 그것을 선유仙遊한다고 할까. 그 속에 굽이굽이 숨은 뜻을 자적自適하듯 느긋하게 찾아 즐긴다. 처음 듣는 새 자작시여서 그 내용은 금방 기억되지 않지만 맑고 힘찬, 감칠맛 나는 그 목소리는 긴 여운처럼 가슴에 남는다.

그러나 목소리는 그 자리를 떠나면 그만이다. 일과성一過性이 그의 숙명이다. 깬 사람들이 이를 극복하기 위하여 일찍이 말소리는 글자를 만들어 붙들고 그 밖의 소리들은 음보音譜를 만들어 붙잡게 했으니 참으로 놀라운 일이다. 게다가 녹음기의 출현은 이를 동시에 아울러서 보존하는, 획기적인 계기가 아니던가! 목소리는 무릇 음악의 시원始原으로 생각된다.

따지고 보면 시 낭송도 글이라는 기호에 붙들린 시를, 읽는 이가 저마다의 독창적인 음조를 넣어 그 효율을 높이는 일이라 할 수 있다. 목소리를 그렇게 형상화한 또 하나의 장르라고 할 수도 있다.

나는 그런 장르를 이끄는 맑고 아름다운 목소리를 한없이 부러워한다. 그리고 사랑한다.

(2000)

부용산

고등학교 때, 같은 문과반 친구 김준모에게 가슴 찡한 노래를 하나 배웠다. 벌교상고 음악선생이 죽은 딸을 부용산에 묻고 와서 지은 노래라고 했다.

부용산 오리 길에 잔디만 푸르러 푸르러
솔밭 사이사이로 회오리바람 타고
간다는 말 한 마디 없이 너만 가고 말았구나
피어나지 못한 채 병든 장미는 시들어지고
부용산 봉우리엔 하늘만 푸르러 푸르러

퍽 애상적인 노래였다. 그러나 주변에 이 노래를 아는 사람이 거의 없었다. 여러 모임에 어울리다 보면 노래를 해야 할 경우가 자주 있었다. 대중가요가 주종이었지만 더러는 가곡이 끼기도 했다. 그럴 때, 나는 이 노래를 아주 편안하게 외어댔다. 마치 전매특권이나 가진 것처럼.

우연히 <부용산 오리길>이란 김성우 논설위원의 에세이를 읽게 되었다. (한국일보, '98. 2. 14.) 가슴이 마구 뛰었다. 행방이 묘연했던 옛 친구가 불쑥 나타난 것 같은 아니, 커닝이라도 하다가 들킨 것 같은 묘한 설렘이었다. 준모 말은 사실과 달랐다. 작자는 벌교상고 음악선생이 아니었다. 사연도 딸의 죽음이 아니라 사랑하는 제자의 죽음에 따른 것이었다. 주인공은 목포항도여중 학생이었다. 그녀와 같은 반 친구였던 김효자 교수의 증언에 의하면 그녀는 해방 직후 경성사범에서 항도여중으로 전입한 김정희란 학생이었다. '예쁘고 조숙한 천재'로 선생님들의 기대를 한 몸에 모으고 있었다. 그런 그녀가 불행이도 3학년 때('48년). 폐결핵으로 쓰러졌다. 이를 애통히 여겨, 국어교사였던 박기동 선생이 가사를 쓰고 음악교사였던 안성현 선생이 곡을 붙여, '피어나지 못한 채' 이승을 뜬 제자를 추모하게 됐던 것이다. 나는 막연히 부용산이 목포 어디쯤에 있으려니 했다.

김 논설위원은 작사·작곡가의 신상도 밝혀 놓았다. 박 시인은 호주로 이민을 했고 안 작곡가는 6·25 때 월북을 했다. 안 작곡가는 안막(최승희의 남편)의 조카라고 했다. 그런 인연 때문이었는지 한때 빨치산들이 이 노래를 즐겨 불렀다 한다.

한참 지난 후, 김 논설위원은 다시 '정설 부용산'을 발표했다. (같은 신문:, '98. 3. 28.) 박 시인에게 직접 확인한 내용이었다. 가사는 박 시인이 항도여중에 근무하기 전, 벌교상고에 있을 때 누이의 죽음을 애통히 여겨 쓴 시였다. 부용산도 벌교에 있는 산이었다. 그러고 보니 '부용산'의 배경은 준모의 말이 맞는 말이었다.

그러나, 스물넷의 한창 나이에 죽은 누이를 '피어나지 못한 채 병든 장미'라고 표현한 게 결국 사단이 되었던 것 같다. 동기간의 애틋한 정으로 보면 충분히 그럴 수도 있는 표현이지만 그것은 아무래도 중3의 소녀, 김정희의 죽음에 더 어울리는 표현이 아니던가. 그런 점이 바로 누이를 추모해 지은 시가 제자를 추모하는 노랫말로 자연스럽게 바꾸어질 수 있지 않았나 싶다.

김 교수가 이 사실을 알고 "부용산이 어디 있은들 무슨 상관이랴. 그것은 차마 일찍이 잃어버리기에는 너무나도 아쉬운 사람이 묻힌 상징적인 산일 뿐"이라고 한 말은 매우 공감이 가는 시각이었다.

나는 이 노래를 걸맞지 않는 장소에서도 무심히 자주 불렀다. 그런 어느 모임에서 또 이 노래를 불렀다. 김수봉 선생이 다가와 '부용산'을 서울서 만나다니! 우리 언제 합창 한 번 합시다. 하고 손을 내밀었다.

그런 일이 있은 후, 뜻밖에 김 선생의 우편물을 받았다. '부용산'의 녹음테이프와 악보였다. 큰 글씨로 가사만 따로 뽑은 유인물도 있었다. 거기엔 전혀 들어본 일이 없는 2절이 나와 있었다.

그리움 강이 되어 내 가슴 맴돌아 흐르고
재를 넘는 석양은 저만치 홀로 섰네
백합일 시 그 향기롭던 너의 꿈은 간 데 없고
돌아서지 못한 채 나 외로이 예 서 있으니
부용산 저 멀리엔 하늘만 푸르러 푸르러

1절보다 더 애절하지 않은가! 나만 그 2절을 모르고 있었던 걸까. 준모 성격으로 보아 있는 것을 접어 두지는 않았을 터인데….

한 친지가 김 논설위원의 <동서의 노래> (같은 신문, '99. 6. 4.)를 스크랩해서 보내왔다. 거기 보니, 예술학교 송광성 교수가 목포의 초청음악회('99. 5. 29.)를 준비하면서 <부용산>의 2절을 몹시 아쉬워했다 한다. 이를 김 논설위원이 호주의 박 시인에게 급전急電, 박 시인이 2절을 바로 작사作詞, 불과 3일 만의 화답으로 <부용산>은 실로 반세기하고도 2년 만에 2절이 이어지는 희한한 노래가 되었다. 아-, 그 생명력!

생각하면 <부용산>은 묻혀버리기 십상인 노래였다. 자리도 잡기 전에 사회적 격랑에 밀리고 그나마 작사, 작곡가가 다 이 땅을 떠났으니, 고아나 다를 바 없는 운명이었다. 그런데도 그 가치를 살려낸 김 논설위원을 비롯한 여러분들이 있었으니 얼마나 다행인지 모른다. 그분들의 노래사랑 예술사랑 문화사랑이야말로 이 땅의 풋풋한 심혼이라 할 것이다.

이제 <부용산>은 <동서의 노래>로 재빨리 확산되고 있다. 이러한 기운이 동서뿐 아니라 남북으로 아니, 세계로 심금을 울리는 화음으로 뻗어나갔으면 하는 마음 간절하다.

아무래도 오늘 밤엔 미국에 사는 준모에게 이 글과 함께 오랜만에 정회의 일단을 띄워야 할 것 같다.

(2000)

쿵-쾅, 그 여진

어느 지점에선가 느닷없이 핸들이 왼쪽으로 확 꺾였다. 웅!? 하는 사이 차체는 지그재그로 쿵-쾅. 오른쪽 둔덕의 눈 더미 위에 처박혔다. 아니, 이런? 이런…? 나는 차 안에 앉은 채 몇 번이나 너털웃음을 토했다.

그 날, 나는 ㄷ교도소엘 가고 있었다. 주 한 번의 문예 강좌를 이어가기 위해서다. 연일 내리던 눈이 문득 멈추고 맑은 하늘이 끝없이 펴진 날씨. 차창으로 안겨드는 햇볕이 더없이 반가웠다. 제설 작업이 잘된 편도 2차선의 새 대로가 시원스러웠다. 그런 가운데 사고라니….

밖으로 나가 보았다. 쿵-쾅 소리 그대로 앞 범퍼가 박살이 나고, 뒤 범퍼도 왼쪽이 빠개져 있었다. 앞 타이어는 둘 다 휠에서 어긋나 있고. 와락 눈물이 나려고 했다. '쾅'의 흔적을 찾아보았다. 완만한 둔덕 끝이어서인지 별스런 흠은 없었다. 처음 '쿵'했던 분리대로 가 보았다. 약간의 자국이 있으나 눈에 띌 정도는 아니었다. 핸들이 확 꺾였던 현장을 살펴보았다. 위로 다리가 하나 가로지른 지점이었다. 노면이 낮아서인지 갓길에 쓸어 붙여진 눈 더미 언저리가 꽤 두터운 빙판이었다. 핸들을 10시 10분 각도로 쥐지 않고 아래쪽을 느슨하게 잡았던 방심이 번개처럼 떠올려졌다.

수습을 서둘렀다. 찾아간 정비소는 일급 서비스 센터. 꽤 넓은 마당엔 일그러진 차들이 늘비했다. 수속이란 게 기이했다. 수리가 끝났을 때, 센터가 보험회사에 내야 할 청구서의 기본 난을 쓰는 일이었다. 수리 내역은 공란인, 말하자면 백지 위임서 같은 것이었다. 담당자는 차가 밀려서 한 사날 후에나 공장에 들어갈 수 있을 것이라고 양해를 구했다.

차 안의 물건들을 대강 싸들고 집에 오는 버스를 탔다. 허탈이지 피곤인지 어깨까지 뻐근했다. 자꾸만 차의 일그러진 모습이 애처롭게 어른거렸다.

그 동안 나는 별 생각 없이 '쿵-쾅'이란 소리를 곱게만 삭혀왔던 것 같다. 건설 현장에선 '희망의 소리'로, 학교 복도에선 '약동의 소리'로, 심지어 전쟁터에서의 그 소리까지도 마냥 '국방의 소리'로만 여겼으니…. 그런 소리들이 그 날 왜 별안간 내 차가 토해낸 그 상처 위로 겹겹이 달려들었는지, 살래살래 고개가 흔들어졌다. 좋은 뜻으로 입력된 그 소리 속에 그에 못지않은 많은 아픔이 묻혀 있는 것을 새삼 느끼게 되었다.

정비소에선 '사날 후'가 거듭 지나도 아무 말이 없었다. 전화를 넣었다. '밀린 차가 많아서 아직도' 라는 매우 사무적인 답변이었다. 어쩐지 오래 갈 것 같은 기미가 으스름처럼 스쳤다. 아니나 다를까. 그 다음의 핑계는 '부품이 제대로 공급되지 않아서'라고 했다. 사탕발림처럼 '판금부에 가 있다'는 잠깐의 낭보에 이어 또 종무소식. 내 지친 목소리가 전화를 들었을 때, 그 화답은 '파업이 일어났다'고 했다. 나도 모르게 수화기가 내던져졌다. 제길, 무슨 놈의 불운이 그리 한꺼번에 닥쳐올까.

현장에 쫓아가 보았다. 차는 보닛이 벗겨진 채 방치되어 있었다. 왜각대각 드러난 엔진의 몰골이 마치 파업한 의사들을 기다리는 응급환자의 안색같이 맥이 빠져 있었다. 주변엔 몇 가지 새 부품들이 아무렇게나 흩어져 있고.

국제 통화기금사태 이후, 불어닥친 구조조정의 회오리 속에 내 차도 꼼짝없이 그 일격을 당한 꼴이 되었다. 그런 시대적 상황이야 어쩔 수 없지 않은가. 마음을 비우기로 했다.

이러구러 석 달이 다된 어느 날, 묻지도 않았는데 '차를 찾아가라'는 희소식이 귀에 꽂혔다. 파업에 불참한 한 정비공의 호의라고 했다. 일부 부품을 그가 제 돈으로 직접 구했으니, 그건 차주가 우선 부담해 주어야 하지 않겠느냐는 논리를 앞세웠다. 나는 호의는 고맙지만 그것은 어디까지나 귀사의 내부문제이고, 또 그런 일은 돈을 줄 보험회사와 상의하라고 일축했다.

보험회사 보상과로부터 금방 전화가 왔다. 별것 아니니 돈 걱정은 말고 차 찾아갈 때 위임장만 하나 써 주라는 얘기였다. 위임장? 피식 웃음이 나왔다. 다시 보험설계자에게 문의했다. 그쪽에선 위임장이 아니라 확인서라고 했다. 확인서? 무슨 말인지 알 수 없었다. 바로 보상과를 찾았다. 내가 누구에게 무엇을 어떻게 위임할 수 있고, 또 확인할 수 있느냐고 물었다. 담당자는 내 말은 건성으로 듣고 아무 일도 없었다는 듯이 정비소의 처사만을 강도 높게 비난했다. 그리곤 수화기를 들었다.

일급 정비소 마당에 황사에 묻힌 폐차가 하나 덩그렇게 놓여 있었다. 수리됐다는 내 차의 몰골이었다. 와락 눈물이 나려고 했다. 담당자는 여러모로 미안하다고 했다. 불만이 목까지 치밀었지만 터져 나온 말은 어찌된 일인지 수고 많았다는 인사였다. 차창만 대강 눈을 틔우고 집으로 행했다. 차는 그런대로 잘 굴렀다.

대청소를 했다. 보닛 표피가 깔끔히 닦이지 않았다. '쿵-쾅'에 이은 숱한 멍울처럼 고물고물 얼룩투성이었다. 엔진 쪽에도 붙들어 매지지 않은 배선 등 미심쩍은 곳이 몇 군데나 보였다. 웃음이 나왔다. 차는 굴러도 그 쿵-쾅의 여진은 쉽게 가시지 않을 것 같은 느낌이 들었다.

쿵-쾅, 그 빛과 그늘을 여러모로 새겨보게 되었다.

(2001)

수필가 우허隅虛 선생의 하루

신기하게도 거의 같은 시각에 잠이 깬다. 언제부터인가 굳어진 버릇이다. 눈을 떠본다. 한밤중이다. 감고 있는 거나 다름없는 어둠이다. 머리맡의 조그마한 야광시계가 4시를 부릅뜨고 있을 뿐, 날이 새려면 아직도 2시간은 더 기다려야 한다. 다시 눈을 붙여 본다. 덩달아 깬 요의尿意가 그대로 두지 않는다. 전등을 켜고 화장실에 간다. 곤두선 자세로 '부질없는 체온'을 시원하게 쏟아 버린다.

'똑같은 4신데 언제는 환하고 언제는 이리 어두운가. 같은 시간이라면 당연히 그 빛깔이나 소리나 감촉도 같아야 하는 것 아닌가. 금강산이 철따라 이름을 달리하듯, 이런 경우도 그런 무슨 그럴듯한 조치가 있어야 하는 것 아니야. 그런 거나 좀 생각하지, 잠이 깼으면….'

책상 앞에 앉는다. 읽다 둔 독서대의 책이 선 채로 반긴다. 박경철의 ≪마음의 지도≫다. 여느 소설처럼 부지런히 읽히지 않는다. 재미있는 줄거리가 없다. 그런데도 얼른 눈이 떨어지지 않는다. 오히려 정신을 바짝 차리게 하는 묘한 끌림이 있다. '5,000만 원 현상의 2000년도 삼성 문학상 장편소설 부문의 당선작' 다운 저력이라 할까. 그 추리적 기법의 구성이 특이하다.

수필가 우허 선생이 재빨리 끼어든다.

'웬일인가. 추리적 기법에 고개를 끄덕이니. 자넨 추리물엔 별로 관심이 없지 않아. 교묘하게 짜인 미로를 마치 귀신에게 홀린 것처럼 한참 끌려다니다 보면 땀이나 흠뻑 뒤집어쓰지 별수 없다며. 그래도 그 능력은 놀라운 모양이지. 암, 그래야지. 소설이란 어차피 그 자체가 하나의 허구 아닌가.'

어느새 눈이 껄끄러워진다. 잠이 오는 게 아니라 눈만 그렇게 피곤해진 것이다. 다시 눈을 감아본다.

우허 선생은 초롱초롱한 의식으로 밤의 서정을 일깨운다.

'자네 눈을 감으니 얼마나 편안한가. 밤도 그렇게 포근한 것일세. 낮 동안의 왜깍대깍한 모든 빛깔을 감쪽같이 감싸버리니, 빈부의 차도 신분의 높낮이도 다 하나로 착색되지 않나. 어제와 오늘이 그 속에서 은밀히 바뀌고 이어지는 뜻을 어떻게 생각하나? 낮과 밤을 하루의 단위로, 하루 일하고 하루 쉰다면 밤의 경영이 어떻게 될까. 노사간의 쟁의는 좀 줄어들까.'

운동 연습을 다녀오다. 어느새 넉 달째다. 하던 운동도 줄여야 할 처지에 새 운동을 시작했다는 건 아무래도 무모한 일이다. 더구나 그것이 돈 많은 사람들이 즐긴다는 골프임에랴. 함께 퇴임했던 몇몇 친구들이 두 번이나 술을 사면서 동참하라고 꼬드겼다. 어정쩡하게 떠밀리고 있는데 뜻밖에 아내가 이를 옹호하고 나섰다. 남자들이 곧잘 즐기는 고스톱, 바둑, 마작, 당구 등 그런 놀이라곤 아무것도 할 줄 모르는 사람이 그것마저 안한다면 '왕따' 당하기 십상이 아니냐는 주장이었다. 이래저래 나는 그야말로 본의 아니게 격상된 신분이 되어 제법 몇 달 동안을 거드름거리고 있는 셈이다.

우허 선생의 간섭은 아니, 지도는 더욱 밀착된다.

'아서. 한 박스만 쳐. 둘은 무리야. 그게 표준이거든. 아직 멀었어. 아니, 선수라도 될 거야. 태조산 체육공원에서 체조했던 것보다 약간 농도를 짙게 하면 돼. 자네 그 동안 얼마나 굳어진 육신인가. 왕따론 때문에 어쩔 수 없이 용인은 했지만, 그것 때문에 자네가 다쳐서야 될 말인가.'

생각처럼 잘 풀리지 않는다. 친구들은 다투어 팔, 어깨, 옆구리, 허리 등이 아프다고 줄줄이 외면서도 너덧 박스씩 잘도 친다. 비교적 방향도 바르고 멀리도 나간다. 나만 지지부진이다. 감각이 무딘 것인지, 연습량이 부족한 것인지 알 수 없다. 비교적 아픈 데가 없으니 한 박스쯤 더 때리고 싶은 유혹이 없는 건 아니다. 그러나 그냥 꼴찌를 즐기는 것도 멋진 여백이 될 듯하다.

우허 선생의 논평이 자동 모터처럼 돈다.

'자네 부진의 이유를 분석해 볼까. 자넨 수학 성적이 좋지 않았거든. 농투성이인 주제에 힘든 일을 안해서 물리적인 힘도 약하고. 그런데 골프는 요컨대 '적확 + 타력'의 논리거든. 어때, 그럴 듯해. 자네가 꼴찌를 느긋하게 여기는 것은 그런대로 다행이야. 비록 딱딱한 몸이지만 먼저 폼부터 바로 세우게. 아무리 오래 걸려도 그 폼의 힘으로 타력을 더해야 하니까. 도랑물이 흐르다 보면 냇물에 이르기도 하지만 더러는 도중에 잦아들기도 하지. 욕심을 부리지 말게. 그런 경우가 온다 해도.'

오랜만에 태조산을 오르다. 싸목싸목 내딛는 발길이 새삼 정겹다. 그 동안 사뭇 오르지 못했는데도 여전한 리듬이다. 낙엽이 봄날의 낙화처럼 내리고 있다. 굽이도는 길모퉁이에서 내리보이고 혹은 쳐다보이는 산자락의 단풍들이 그대로 잘 짜인 인상파의 그림이다. 낙화가 잎을 피우고 열매를 키우기 위한 것이라면 낙엽은 토실토실한 씨앗을 보다 멀리 날려 보내기 위한 서두름이 아닌가. 기르는 기쁨과 길러서 내보내는 기쁨은 사실 둘이 아니라 다 같은 게 아닐까.

수필가 우허 선생이 '어험' 하고 기침을 한다.

'자네도 한 그루 단풍나무 아닌가. 자식농사 다 끝냈으니. 자네 단풍은 대체 무슨 빛깔인가. 잎은 피어날 때 다 연두색 아니던가. 짙고 옅은 차이는 있을망정. 그런데 왜 한 해를 살고 나면 여러 색깔이 되지. 아마도 그것은 그가 산 역사의 빛깔일 거야. 자네가 산 역사의 빛깔은 무엇인가. 열혈의 붉은색인가, 수순의 노랑색인가, 아니면? 이희자의 <무임승차> 읽어 보았나. 그 빛깔은 무슨 색인가. 어쩌면 그 빛깔이 수필가들의 공통된 색일지도 몰라. 그래서야 될까만, 좌우간 가을은 사색의 계절이라 하지 않나, 그 점 여러모로 많이 궁리해 보게.'

수필가 우허 선생은 늘 질서, 안정, 양식, 품위 따위의 개념들을 새로운 말과 톤으로 바꾸어 가면서 나의 하루를 걱정하고 영위한다.

(2000)

3 · 목 · 도 · 장

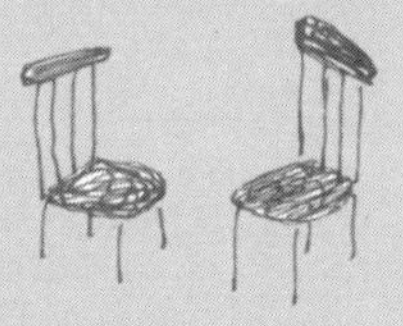

아, 예뻐

"아- 예뻐. 우리 진욱이!"

눈만 뜨면 아내가 되뇌는 감탄사다. 시도 때도 없이 터져 나오는 탄성이 갈수록 싱그럽다. 그런 빈도, 그런 농도라면 아마 꿈속에까지도 이어지고 있을 것이다.

녀석이 태어날 때 그 해산구완을 아내가 했다. 한 달여의 낮과 밤을 아내는 녀석과 함께 지낸 것이다. 어느새 백일도 지내고 다섯 달째가 한창인데 녀석이 제 엄마와 함께 불쑥 우리 집에 나타났다. 아내는 불문곡직하고 녀석을 덥석 끌어안고 환호를 연발했다. "아- 예뻐. 진욱이!"

임신중독증을 나는 '입덧의 의학적인 표현' 쯤으로 알고 있었다. 황당한 그 식견은 녀석의 엄마가 그 후유증으로 안과치료를 받아야 한다는 벽력 앞에 그만 참담해지고 말았다. 수술을 받게 되면서 그것이 아직 원인도 모르는, 모체의 전신에 걸친 질환이라는 것을 알게 되었다. 일반적으로 부종 · 단백뇨 · 고혈압 등이 주된 증세지만 출산 후에는 대개 풀리는 것이라 한다.

녀석 엄마의 경우는 그 무소불위의 독소가 하필이면 망막을 파고든 것이다. 잘못하면 실명할 수도 있다는 의사의 설명에 우리는 협박이나 당한 것처럼 움츠러들었다. 의사는 묻지도 않는 끔찍한 얘기들을 줄줄이 들먹이곤 죽는 경우도 비일비재하다는 마지막 말을 잊지 않았다. 이윽고 온후한 표정이 되어 "그래도 그런 정도면 불행 중 다행이니 안심하라."고 위안의 말로 다독거렸다.

수술을 받은 다음날, 뜻밖에 바로 퇴원이 되었다. 의사는 만면에 웃음을 띠고 유의사항을 염주 굴리듯 이어댔다. 스트레스 받지 말고, 과로하지 말고, 무거운 것 들지 말고, 텔레비전 보지 말고, 햇볕 속에 나가지 말고, 책도 보지 말고…. 적어도 한 달 동안은 그래야 한다는 엄명이었다.

그리하여 녀석의 엄마는 별안간 딸로 되돌아와 결혼 전의 제 방에 눕게 되고, 아내와 나는 딸을 기르던 때처럼 녀석을 살피는 엄마역이 되었다. 딸은 음악 감상 · 명상 · 휴식 등으로 회복을 추스르고, 아내와 나는 사돈댁 어른들에게 미안한 생각이 들만큼 외손자의 귀여움을 독차지했다.

아내는 줄곧 분주하다. 시간 맞추어 우유 먹이고, 이유식 챙기고, 그에 따른 정리와 설거지를 한다. 수시로 기저귀를 갈고 옷을 갈아입힌다. 옷이야 목욕시킨 후 한 번이면 족할 일인데 걸핏하면 녀석이 토하는 바람에 응급조치가 뒤따르지 않을 수 없다. 그 설거지 또한 긴요한 일이다. 아내는 종일 문턱이 닳도록 넘나들고 앉았다 섰다 편히 쉴 사이가 없다.

그런데도 시종 싱글벙글 신이 난다. 우유나 이유식을 다 먹으면 다 먹어서 예쁘고, 다 먹지 않고 젖꼭지를 밀어내면 그 의사표시가 분명해서 또한 귀엽고, 토하면 토한 대로 할 짓은 다 하는 것 같아 대견하다. 옷을 입힐 때도 순순히 따라주면 따라주어서 신통하고, 버둥대면 버둥댄 만큼 힘차서 자랑스럽다. 기저귀를 갈 때도 배뇨량이 많으면 많은 대로, 적으면 적은 대로 그저 녀석의 엉덩이를 다독거리며 기특해 한다. 무릇 설거지도 손끝에 휘파람이 인다.

내가 하는 일은 녀석을 보는 일이다. 아니, 녀석과 함께 노는 일이다. 어쩌면 그것은 녀석과 함께 사는 일이라고 해야 적절할지 모른다. 그만큼 녀석은 거의 보채지도 울지도 않는다. 다급하게 얼르고 달래야 하는 경우를 나는 아직 겪어보지 못하고 있다. 녀석은 그만큼 아기 같지 않는 의젓한 면이 있다. 그렇다고 내 직무가 마냥 수월하다는 것은 아니다.

아내의 찬미를 접어둔다 해도 녀석의 두상은 일품이다. 잘 다듬어진 조각품 같다. 그 바탕에 배치된 이목구비야 말해 무엇 하랴. 오죽하면 녀석의 이모가 헤어밴드를 끼우고 "진희야, 진희야." 하고 놀려댔을까.

녀석의 성장 의지는 대단하다. 누운 채 손발을 휘젓는 운동을 쉼 없이 한다. 엎치기 연습도 열심이다. 더러는 엎딘 쪽 팔을 빼내지 못해 그냥 원위치로 되돌기도 한다. 살짝 도와주면 다음 동작이 한결 활발하다. 요 바닥에 이마를 대고 엉덩이를 쳐들어 발로 미는 이른바 배밀이를 계속한다. 입을 동그랗게 움츠린 채 상기된 모습이다. 아내는 예쁜 코 납작해진다고 그만 일으키라고 성화지만 모른 척해 본다. 이윽고 지치면 녀석은 양팔을 펴 고개를 들고 주변을 두리번거린다. 도움을 바라는 것이다. 그래도 그냥 내버려두면 제 힘으로 되엎을 수 없는 한계를 익히 아는지 그대로 엎딘 채 "어- 어- 어-" 하다가 싱겁게 잠이 들곤 한다.

착하고 순한 이런 녀석을, 그러기 때문에 보채고 울 때까지 마냥 혼자 둘 수는 없다. 교육적으로야 어떻든 내 정으로는 도저히 그럴 수가 없다. 그것은 착하고 순한 것에 대한 일종의 배신 같아서다. 녀석과 나는 그래서 종일 함께 놀고 함께 사는 것이다. 자연히 대화가 통할 밖에.

나는 즐겨 녀석을 안아준다. 가슴과 가슴을 맞대기도 하고 등과 가슴을 맞대기도 하는 자세다. 안은 채 소파에 앉아 좌우로 가만가만 흔들기도 하고 일어서서 흔들기도 한다. 거실을 거닐기도 하고 방들을 순회하기고 하고 더러는 현관 밖도 나갔다 온다. 녀석의 이런 변화의 요구는 돌발적인 '손발 뻗치기'가 그 메시지다. 녀석은 내내 안겨 있는 게 싫증이 나면 몇 번이고 이 메시지를 반복한다.

보행기로 옮겨 파적을 시도한다. 나는 부착돼 있는 놀이장치들을 감탄조로 설명하면서 녀석의 손을 끌어서 이것저것 눌러보고 돌려도 본다. 무엇이나 잡아보려는 어설픈 손놀림이 앙증스럽기 이를 데 없다. 그러나 제대로 되지 않는다. 녀석은 심통이라도 난 것처럼 느닷없이 놀이기구들을 난타한다. 그러나 입을 움츠린 채 침까지 흘리는 진지한 모습은 귀여움을 넘어 자랑스럽기도 하다.

녀석은 심심찮게 눈자위를 비비고 도리질을 한다. 졸린다는 신호다. 나는 지체 없이 녀석을 안거나 유모차에 태우고 거실을 몇 바퀴 돈다. 녀석은 어느새 꿈나라에 가 있다.

"아- 예뻐! 우리 진욱이."

초로의 할머니들 사이에, 손자 자랑이 하도 심해서 '자랑을 하려거든 만 원 내놓고 하라'는 우스갯소리가 있었다. 요즈음엔 그것이 오히려 듣는 쪽에서 '만 원 줄 테니 그만하라.'로 발전했다니 참으로 대단한 일이다.

녀석에 대한 아내의 감탄이 내게도 그대로 전이되어 한 달 남짓을 꿈결같이 보냈다. 녀석의 착한 나날이 제 엄마의 회복도 순조롭게 도와서, 이젠 제 집으로 돌아가야 한다. 나는 무엇인가 그동안의 정회를 남기지 않을 수가 없다. 그러나 그 기록이 녀석의 손놀림만큼이나 어설픈 건 웬일인가.

그럼에도 불구하고 이를 참고 관심해 주신 분이 혹시 있다면 이를 어떻게 해야 하나. 즐거이 지갑을 꺼내야 할밖에.

(1999)

아, 밖에 나가고 싶어

"밖에 나가고 싶어."

"할아버지, 옥상 가보자."

"무쏘 타고 한 바퀴 돌자."

진욱이가 칭얼대는 말들이다. 세 돌을 넉 달 앞둔 꼬마의 말치고는 제법이다. 제 외할머니의 말을 빌려서 쓴 것이겠지만 그래도 그렇게 이어대는 재간이 신통하다. 그 요구를 어찌 묵살할 수 있으랴.

진욱이가 태어나 대여섯 달 되었을 때다. 나는 "아- 예뻐"라는 '명문'을 초한 바 있다. 그때 녀석은 짜지도 울지도 않은 순동이었다. 그랬던 그가 어느새 발발이가 되어 잠시도 가만히 있질 못한다. 시도 때도 없이 '밖에 나가고 싶어'를 외어대며 할아비를 앞세우려 한다.

녀석의 집은 고층 아파트다. 아비가 출근하고 나면 거의 어미와 둘이 산다. 그래서인지 녀석은 제 엄마의 일이라면 설거지도 청소도 제 몫처럼 덤빈단다. 한사코 싱크대 앞으로 의자를 밀어대는가 하면 가누지도 못한 청소기 자루를 붙들고 식식거리기 일쑤란다.

이따금 시인이나 된 것처럼 베란다에 나가 우두커니 서 있다간 느닷없이 "무쏘다! 포크레(포크레인)다! 비행기다!" 하고 감탄을 터트리는가 하면 이내 또 조용해진단다.

녀석의 마음을 끄는 것은 무엇일까. 발아래 오가는 자동차나 사람들일까. 멀리 하늘과 맞닿은, 둥글게 이어진 능선일까. 아니면, 소리도 냄새도 없는 한 편의 커다란 그림 같은 정경일까.

녀석의 외가 나들이는 심심찮은 편이다. 올 때마다 말수와 고집이 영글어지고 있다. 이젠 외가를 아예 식민지처럼 지배하려 든다. 안 만지는 물건이 없고 무엇이나 고친답시고 법석이다. 싫증이 나면 팽개쳐 두고 딴것을 찾기 일쑤다. 혼자서 무얼 열심히 종알거리다가도 갑자기 내게 달려들어 제법 '육하원칙에 의한 질문 공세'를 펴기도 한다. 웃음이 절로 나지만 때론 대답이 궁해 절절매기도 한다.

외가래야 할미, 할아비뿐이다. 기껏해야 한두 밤 자고 가는 나들이다. 잘해 줄 수밖에. 그러나 실제는 녀석이 우리에게 튀는 말이나 행동으로 더없는 '기쁨조'가 되어주고 있는 것이다. 그래저래 아내와 나는 녀석의 '충직한 종' 노릇을 한다.

"할아버지, 밖에 나가자." 나는 즉각 일어선다. 현관 밖 계단을 내려가면서 나는 보디가드답게 녀석의 손을 가만히 잡는다. 녀석은 서슴없이 뿌리친다. 약간 뒤뚱대는 모습이 위태위태하다. 참 용하게도 넘어지진 않는다.

“어디 갈까, 학생회관?” 그런데 막상 걸어가긴 반대 방향이다. “진욱이 어디 가는데.” “껌 사러.” “돈 있어?” 녀석은 기다리기라도 했던 것처럼 “응!” 하곤 바지주머니 언저리에 손을 댔다가 자신 있게 내민다. “얼마야?” “삼억!” 솟구치는 웃음을 참고 “야-, 우리 진욱이 부자구나!” 하고 감탄한다. 가게에서 녀석은 ‘삼억 원의 회계 담당자’를 대동한 주인답게 주저 없이 빨간 포장의 껌을 두 통 골라 쥐곤 당당히 앞서 나선다.

학생회관은 가까운 거리에 있다. 제 할미와 함께 두어 번 갔다 온 탓인지 단걸음으로 내닫는다. 주차장에 들어서자마자 “야- 차 많다.” 하고 싱글벙글한다. 묻지도 않는데 손가락으로 하나하나 가리키며 차 이름을 외어댄다. “아반데. 쏘나타, 비스토, 에스엠 파이부, 옵티마, 그랜저….” 바야흐로 나는 ‘차 박사’의 탄생을 기뻐하지 않을 수가 없다. 녀석의 등을 몇 번이나 다독이며 ‘우리 진욱이 최고!’라고 칭찬해 마지않는다.

녀석은 회관 앞 광장으로 이어지는 계단을 서너 차례 오르내린다. 광장에는 몇 군데 작은 정원이 있다. 그 경계석 위를 뒤뚱뒤뚱 걷다간 바닥으로 떨어지면 제풀에 깔깔대며 웃는다. 이 정원 저 정원을 바쁘게 이어 달린다. 지칠 줄 모르는 장거리 선수 같다.

이윽고 녀석은 “다른 밖에 가자.”며 두 팔을 번쩍 든다. ‘다른 밖?' 나는 태조산을 떠올리곤 "구름다리 갈까?" 하고 녀석을 안아든다. "응!" 뜻밖의 반색이다. "구름다리가 뭐야?" 녀석은 머쓱한 표정을 짓는다. "가지 말까?" "아니, 가! '다른 밖'인데." 참 속이 놀놀한 녀석이다.

집에 들러 차를 타고 구름다리로 행한다. 길섶에 차를 세우고 가파른 계단을 오른다. 녀석을 걸리기도 하고 안기도 하면서 걸으니 제법 땀이 밴다. 다리 앞에서 나는 "이게 구름다리야." 하고 설명한다. 녀석은 들은 척도 안하고 내닫기부터 시작한다. 두려워하고 주춤거릴 줄 알았는데 전혀 딴판이다. 서둘러 따라갈 수밖에. 녀석은 흔들림을 타고 오가며 희희낙락이다.

이내 "여기 가보자."며 산길로 들어선다. 나는 고개를 끄덕이며 뒤따른다. 녀석은 옆으로 난 작은 길만 나타나면 그 쪽으로 방향을 바꾸려 한다. "그 길엔 넝쿨이 엉키고 벌레가 달려들어 안 돼." 나는 상까지 찌푸리고 머리를 흔든다. 녀석은 믿기지 않는 듯 시큰둥하다. 어느 목에선가 홱 돌아서며 두 팔을 번쩍 든다. 반사작용처럼 나는 녀석을 덥석 들어 안는다. "딴데 갈까?" "응. 딴데 가!"

독립기념관의 한 작은 바깥 정원 앞에 차를 세운다. 정자와 못이 있는 작은 동산이다. 알맞게 오르내린 언덕이 비 끝의 잔디를 더욱 싱그럽게 건사하고 있다. 녀석은 갑자기 신명난 망아지가 된다. 길을 따라 걷는 게 아니라 언덕을 제멋대로 뛴다. 금방 넘어질 것 같은데도 따르기가 힘들 만큼 활기차다. 못 속의 잉어를 보곤 "아, 빨강 고기다. 노랑 것도 있고 까만 것도 있네. 엄마는

라지, 아가는 스몰." 하고 신기해 한다.

갑자기 나는 "여기가 어디지?" 하고 녀석을 물끄러미 바라본다. 녀석은 "딴데지-." 하고 눈을 반짝한다.

'뚜두두둑' 느닷없이 소나기가 쏟아진다. 화급히 정자로 피한다. "아! 세다." 녀석의 촌평이다. "왜 비가 와?" 하더니, 줄줄이 또 질문을 이어댄다. 나는 잠시 절절매는 기쁨을 누린다. 거짓말처럼 소나기가 자취를 감춘다.

"엄마 보고 싶어." 기다렸던 바라, 바로 핸들을 잡는다. 녀석은 금방 눈을 감고 옆으로 기운다. 동여가도 모를 잠에 빠진다. 차를 세우고 가만히 안아다 뒷좌석에 눕힌다. 느릿느릿 갓길을 밟을 수밖에. 나는 수시로 뒤돌아보며 빙긋이 웃는다. 언젠가는 녀석이 제 집 베란다에서 본, 그 소리도 냄새도 없는 커다란 그림 같은 정경과 오늘 밟아본, 그 현장의 실체들을 여러모로 견줄 것이란 기대를 걸면서.

(2001)

꿈엔들 잊힐 리야

-보이는 건 산, 산뿐인 하늘의 여백 -

전라선 열차를 타고 내리 달려보라. 전주, 남원을 거쳐 곡성에 이르면 문득 섬진강이 왼팔을 끼고 나선다. 잠시 그 황홀경에 젖다 보면 그 이름도 특이한 구례구求禮口라는 역이 손을 내민다. 구례면 구례지, '구'는 또 뭔가? 역사驛舍가 구례 땅이 아닌 순천 땅이어서 철도 부설 당시 일제日帝가 그렇게 붙인 이름이다. 기차는 비록 쇠붙이지만 그래도 문명한 기기인 터라, 아무리 바빠도 '예禮를 구求하며 산다는 하늘의 분지'를 그냥 비껴갈 수는 없었던 것 같다.

그 분지를 찾는 길은 열차 편보다는 승용차 편이 더 아기자기하다. 전주 남원간의 17번 국도를 좇아보라. 들을 가로 지르고 내를 건너, 산자락을 감돌고 고개를 넘나들다 보면 그 이름도 뭉클한 '춘향 터널'이 팔을 벌린다. 춘향의 마음 같은 단단한 그 외길을 뚫고 나가면 새로 난 남원 구례간의 19번 국도가 오른편으로 시원하다.

그 갓길을 시속 4·50 킬로로 달리며 주변을 완상하면 도원桃源이 바로 이런 것인가 싶다. 바른편엔 저만치 남원 시내를 앉혀두고 왼편엔 주천면 장안매표소를 가리키는 안내판이 싱그럽다. 그 길은 정령치, 심원계곡, 성삼재, 노고단에 이르는 길이다. 전남·북 도계이기도 한 밤재터널을 살짝 넘으면 구례 산동의 '지리산 온천'이 반갑게 손짓을 한다. 이내 국립공원 매표소의 안내표지가 큼지막하게 화살표를 긋고 있다. 천은사를 내려둔 채 시암재를 넘어 성삼재 노고단으로 합해지는 코스다. 금방 마산면 냉천리 앞, 서시내 다리西施橋 갈림길에 이른다. 왼편으로 돌면 화엄사를 거쳐 국립공원 매표소로, 오른편으로 돌면 구례읍을 앞싸고 서쪽 끝인 구례구역을 지나 순천으로, 그대로 직진하면 전남·경남의 도계道界를 지나 화개장터를 왼편에 두고 하동으로 내닫는다.

그 갈림길의 안쪽, 오른편 이계里界에 화엄사 길을 내준, 유달리 찬 샘이 많은 냉천리라는 동네, 거기가 바로 나의 태생지 '꿈엔들 잊힐리야'다.

그 곳에서 엮어진 사연들이 어디 한둘일까만 그 중에서도 나는 서시내와 소풍에 얽힌 절절한 정회를 잊을 수가 없다.

내 어린 시절은 서시내와 더불어 영근 셈이다. 하교下校 길에 서시내 다리를 내려서 냇가로 잠깐 거슬러 오르면 '웃깔다니' 논들을 적신 도랑물이 꽤 세차게 끼어든 곳이 있다. 그 냇가 쪽 둔덕 아래엔 '요강소'라는, 정말 요강 같은 안옥한 웅덩이가 맴돌고 있었다. 그곳은 가르쳐주는 사람이 아무도 없는, 우리들의 독습 수영장이었다. '툼벙 헤엄'부터 스스로 툼벙거렸다. 이내 '송장헤엄(배영)'을 익히고 '개구리헤엄(평영)'을 개발했다. 둔덕에 올라 곧잘 다이빙 흉내도 냈다. 발이 닿지 않은 아찔한 곳에서 걸핏하면 물배를 채우곤 했다. 그래도 그것이 더없이 즐겁기만 했던, 그곳은 또래들의 자유로운 낙원이었다.

이를 시샘이라도 하듯 서시내의 겨울은 혹독했다. 사흘이 멀다고 살을 에는 칼바람을 휘젓는가 하면 눈보라를 휘몰았다. 서시내 다리가 자꾸만 높게 보였다. 그 위에 올라서면 '휘청' 날릴 것만 같았다. 바싹 움츠린 채, 바람이 내리치는 쪽으로 상체의 힘을 태우면서 조심조심 걸어야만 했다. 어설피 서둘거나 뛰려다간 걷잡을 수 없는 지그재그로 쫓기기 일쑤였다. 게다가 우리는 일제하日帝下의 이른바, 가제노 고(風子:바람의 아들)들이었다. 반바지에 입마개와 귀걸이만 허용된, 그래서 이미 종아리, 입 언저리, 코끝은 일제에 빼앗긴 남의 살이었다.

일본 사람들은 소풍을 엔소구遠足라고 했다. 할아버지의 그 한 자풀이 말씀을 듣고 나는 그것을 당시 중학생들이나 청년훈련소 아저씨들이 자주 했던 '행군行軍' 비슷한 것으로 짐작했다. 어떻든 봄 가을 행사인 두 번의 원족은 지겹기도 하고 힘겹기도 한 야릇한 즐거움이었다. 기본 코스는 맡아 놓고 화엄사 아니면 천은사였다. 연곡사나 쌍계사는 5·6학년 때쯤 고학년 치레로 한두 번 안간힘을 쏟아야 하는 원족이었다. 노고단은 단연 중학교 몫인

땀범벅의 특별 메뉴였고. 어려웠던 시절이어서 먹을 것이라곤 거의가 도시락 하나 달랑. 더러 콩이나 고구마, 아메다마(눈깔사탕)나 스루메(마른 오징어)를 가져온 읍내 아이들이 있긴 했지만, 되돌아보면 참으로 허기지고 초라한 행군이었다. 그런데도 그것을 해냈다는 즐거움이 고비 고비 뿌듯했으니.

보이는 것은 산, 산뿐인 하늘의 여백, 그 분지에서 그런대로 나는 오늘의 강단을 가꾼 셈이다. 어찌 감회가 깊지 않으랴. 문득 생각이 나면 나는 내 잠든 서정을 추슬러 담담히 핸들을 잡는다. 그 도정을 여기 간추려본다.

천안 논산간의 고속도로를 탄다. 그곳의 규정 속도 110킬로미터. 감시체계도 약간 허술한 편. 이따금 액셀러레이터가 묵직하게 밟히는 쾌속을 즐긴다. 논산에서 호남고속도로로 진입, 전주로 직행, 19번 국도를 달려 지리산 온천장에서 1박. 다음날 새벽같이 일어나 밤재터널을 되넘어 장안 매표소 코스로 노고단 등정. 내려오는 길에 천은사를 잠깐 둘러보고 화엄사에서 아침 식사. 다시 19번 국도로 접어들어 왼편으로 지리산 자락을, 오른편으론 섬진강을 끼고 두리번거리는, 그야말로 4·50 킬로미터의 느긋한 드라이브. 토지면을 거쳐 전남과 경남의 도계를 앞두고 외편으로 방향을 바꾸어 연곡사를 휘돌아 나와 화개장터에서 섬진강을 가로지른, '영호남 화합의 가교'인 아치형 다리를 왕복 답파. 내친김에 평사리 최 참판 댁을 거쳐 하동까지 나아가 섬진강 백사장 솔밭공원을 조망. 광양으로 이어지는 섬진교를 건너 오른편에 강을 낀 백운산 동쪽 자락을 거슬러 오르다가 청매실 농원에서 한숨 돌리고, 섬진청강의 은어와 참게와 재첩들의 밀어를 여러모로 풀이하면서 서둘러 귀성의 액셀러레이터를 밟는다.

백문이 불여일견이라 했던가. 그 코스 한번 달려보셔야….

(2003)

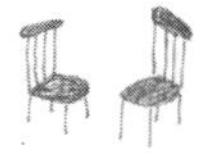

공짜 구경

출발하던 날, 약속장소에서 나는 주춤했다. 웅성대고 있는 사람들이 거의 퇴직 선배이거나 동배였기 때문이다. 핼쑥하게 달라진 몇몇 사람의 표정이 유독 선득하게 느껴졌다. 위로관광이던가? 무슨 지원금에 의한 것으로 여러 영역에서 차출한다 했는데? 주저주저하는 사이 버스가 당도했다. 2호차란 표지가 붙어 있었다. 뒤따라 온 1호차에는 이미 사람들이 다 타고 있었다. 아, 두 대였구나. 나는 미적대다 사뭇 뒷자리에 앉았다. 차가 움직이자 1호차가 성큼 앞으로 나갔다.

통합복권기금의 지원으로 문화원이 주관하는 '남도문화체험'이라 했다. 낙안읍성을 거쳐 땅끝土末을 중심한 명소들을 잠깐잠깐 둘러보는 2박 3일의 여정旅程. '문화적'인 투명성을 요하는 행사여서 차내에서의 먹을거리는 아예 예산 밖이라고 했다. 술과

귤은 그래도 달리 좀 마련하지 않을 수가 없었다는, 안내를 겸한 회장의 인사였다. 쉰 목청에 느릿느릿한 말씨지만 왕년의 관록이 정연했다.

박수에 대한 기사의 화답이 끝나곤 차안이 조용해졌다. 엔진의 숨결만 크게 오르내릴 뿐. 모두들 무슨 관조적인 명상에 잠기는지, 설쳤던 잠을 다시 청하는지, 식곤을 달래는 것인지 그저 아리송했다. 뒤에서 보아도 눈감은 여러 모습들이 역연했다.

나는 이미 가본 곳이었다. 그래선지 명소보다 연로한 일행들의 거동이 오히려 좋은 구경거리가 될 것 같았다.

마침내 회장이 파적破寂을 명령했다. 건너편에 앉아 있던 ㄱ씨가 용수철처럼 앞으로 튀어나갔다. 먼저 약손을 만들자며 박수를 치기 시작했다. 손바닥을 주먹으로 번갈아 세차게 치다간 다시 열이 나도록 비벼댔다. 그 약손으로 명치를 따뜻하게 하고 시계 방향으로 살살 문지르라고 선도했다. 반응이 시큰둥했다. ㄱ씨는 잽싸게 방향을 바꾸어 응급조치 방법들을 듣거나 말거나 열변을 토하곤 되돌아왔다.

다시 무거운 침묵. 어느 휴게소에서 ㅇ씨가 커피나 한잔하자기에 함께 나섰다. 무슨 구경거리나 생긴 듯 몇 사람이 따라붙었다. 깐깐한 ㅇ씨로선 뜻밖의 쾌척을 한 셈이었지만 그래서 더욱 훈훈하게 말문들이 열렸다. 나는 모자를 하나 사려고 가게를 기웃거렸다. 여류들이 다가와 1호차에 탔었다며 모자를 부드럽게 만져서 다시 씌우고 '오빠' 소리를 연발해서 속없이 헤벌어졌다. 그 바람에 서너 사람이 덩달아 모자를 샀다.

다시 버스 안. 초면의 어떤 이가 <허무>라는 시라며, 이를 그야말로 비통한 음조로 가만가만 낭송했다. 순간 숙연해지더니 낭송이 끝나자마자 박수가 진동했다. "그려, 그것 참 잘 썼네. 복사해서 한 장씩 줄 수 없소?" 그런 공감의 반응이 한동안 버스 안을 수런거리게 했다. 나중 배포된 쪽지를 보니 6연이나 되는 개탄사慨嘆詞였다. 한 연을 소개해 보면 이렇다.

> 제 자식이 장난치면 싱글벙글 웃으면서/ 부모님이 훈계하면
> 듣기 싫은 표정이네/ 시끄러운 아이소리 잘한다고 손뼉치며/
> 부모님의 회심소리 듣기 싫어 빈정대네//

다시 적요寂寥해진 버스 안. 이윽고 영랑 김윤식 생가가 가까워졌는지, 국어교사 출신인 ㅁ씨가 영랑을 소개하면서 '북에 소월素月, 남에 영랑永郎'이란 말을 했다. 같은 남쪽인 고창에 미당未堂이란 거목이 있으나 그는 일제와 독재에 타협한 흠을 남겨, 천추의 한이라고 아쉬움을 표했다.

땅끝 마을엔 전에 없던 전망대가 세워져 있었다. 일몰의 장관을 즐기기 위해 허위허위 올랐다. 서편 창가에 서서 10여 분 남은 일몰의 시한을 기다렸다. 달덩이처럼 불그레해진 해가 멀리 흐린 하늘바다를 몇 번인가 숨바꼭질하더니 맥없이 운무에 가려지고 말았다. 나도 맥이 풀렸다.

전망대 서편으로 그림처럼 곱게 뻗어난 해안선 바로 앞에 마치 문장의 온점 부호 같은 깔끔한 꼬마 섬이 보였다. 나는 한동안 거기서 눈을 뗄 수가 없었다. 그렇구나. 과연 끝은 끝답게 마

침표가 있구나. 야릇한 설렘…. 그 곳이 바로 지적상의 끝점인지는 확인하지 못했지만 누가 봐도 그건 화룡점정畵龍點睛임에 틀림없을 것 같았다.

다시 버스 안. 귀로의 그 공간은 죽음처럼 버려진 적막寂寞이었다. 민망했던지 회장의 둔탁한 마이크가 다시 울렸다. "문화소외계층인 우리가 이번에 참 좋은 체험을 한 셈이요. 이 비용이 로또복권의 이익금에서 나온 것이니 그걸 한 번도 사본 일이 없는 사람은 앞으로 좀 관심을 가져보시오. 이 사업은 계속된대요. 부디 좋은 말씀들 나누세요." 듣는 것인지 안 듣는 것인지 모두들 묵묵부답이었다. 과연 침묵은 금이던가?

낭송된 시 <허무>처럼 참으로 허무한 이 세태 속에 이만한 위로 행사가 있을 수 있다는 것은 그 이유가 어디에 있든 고맙고 희한한 일이었다. 나는 비로소 가만히 눈을 감았다. 그것이 허황된 욕심에 핏발선 사람들의 돈이라면 우리인들 못 밟을 까닭이 없는 일. 그런 허욕은 마땅히 땅 밟기처럼 단단히 밟아주어야 굳어질 터이니 말이다. 그러나 역으로 그것이 하다하다 안돼 마지막으로 천지신명에게 빌고 빌어도 영 풀리지 않아 지푸라기라도 잡는 심정으로 투자해본 사람들의 것이라면 그걸 우리가 어떻게 즐길 수 있겠는가. 마땅히 그건 그런 형편의 어려운 사람들에게 돌아가야지….

공짜란 말에 혹해서, 선택권에 든 것에 우쭐해서, 잘 알아보지도 않고 나이답지 않게 선뜻 따라나선 것이 바로 허황된 욕심에 다름 아니지 않는가. 내내 씁쓸한 심정을 재울 길이 없었다.

(2005)

목도장

내겐 오래된 목도장이 하나 있다. 길이 5.8센티, 직경 1.2센티의 둥글 도장이다. 앞뒤를 구분하기 위해서 살짝 파 놓은 표지 위에 집게손가락을 얹고 가운뎃손가락과 엄지손가락을 뒤로 받쳐 잡으면 더없이 편안한 감촉이다.

도장밥 기름이 창연하게 밴 빛깔이다. 아래쪽 삼분의 일 정도는 붉은 빛이 선연하다. 담갈색이 자연스럽게 이어지고 끝부분에 이르면 좌절된 비상飛上이 멍울진 검은 빛이다. 도장을 쥔 상태에서 둘러보면 가운뎃손가락 바로 아래 옹이 자국 같은 까만 흠이 하나 있다. 그것을 근간으로 좀 짙기도 하고 옅기도 한 색조들이 가로 세로로 흐릿한 '파적의 아름다움'을 그리고 있다.

모서리는 닳고 또 닳아 희미해지거나 없어진 지 이미 오래다. 함께 사라진 가장자리의 자획들이 덧없이 먹통을 과시하고 있다.

가운데 자획들이 간신히 그 형태를 지탱하고 있는 형편이다.

나는 여러 개의 도장을 가지고 있다. 아마 열 개는 넘을 것이다. 여행 선물로, 학생들의 졸업 기념품으로 이따금 받았던 것들이다. 둥근 것, 네모진 것, 큰 것, 작은 것 가지각색이다. 그러나 그 재료들은 하나같이 나무가 아니다.

그것들에 비하면 그 목도장은 매우 작고 꾀죄죄한 것이다. 그러나 당시 일반적으로 사용했던 계란형의 막도장에 비하면 한 단계 높은 것이다. 학생으로선 감히 욕심낼 수 없는 호사로운 것이다. 그런 도장을 내가 소유하게 되었으니 이변이라면 이변이다.

6·25 전쟁이 일어나던 해 겨울, 계엄령까지 겹친 혹한 속에 이웃집에 피란을 왔다는 한 청년이 가끔 내 방엘 찾아왔다. 말수는 뜸했지만 정세 분석을 시작하면 거품을 튀겼다. 더러는 점심을 대접했다. 그는 도장포 주인이었던지 느닷없이 도장을 파주고 싶다고 했다. 그리곤 자꾸 취향을 물었다.

기왕 팔 바엔 무엇인가 좀 색다르게 하고 싶었다. 선뜻 왜 도장은 꼭 한자여야만 하는가 하는 의문이 일었다. 주변의 얘기들을 들어보았다. 모두들 '호적이 한자로 기록되어 있으니까' '같은 이름이라도 구분이 잘되니까' '아무래도 묵직하니까' 하는 따위 이유들로 줄줄이 한자 선호였다. 그런데도 나는 어쩐지 한글 도장을 갖고 싶었다. 그리하여 그 청년에게 줄은 가로로, 글씨는 노트에 쓰듯 예쁘게 한글로 잘 새겨 달라고 주문했다. 나의 '창조적인' 이 목도장은 그렇게 해서 고고성을 울렸던 것이다.

그러나 막상 도장을 찍을 곳이 없었다. 궁리 끝에 몇 권 되지 않는 도서의 비인秘印으로 우선 활용하기로 했다. 그 후, 그 도장은 대학입시원서부터 시작해서 대학 생활에 필요로 했던 모든 서류들의 날인란을 독차지했다.

보는 친구마다 이색적이라 했다. 여성용보다는 크고 남성용보다는 작은, 그 아담한 사이즈가 무엇보다 마음에 든다고 했다. 학교에서 배운 대로 펜글씨 쓰듯 가로로 새긴 한글이 한자보다 오히려 산뜻하다고 호들갑이었다. 학교에선 가로쓰기를 가르치면서 신문이나 잡지는 세로쓰기를 하는, 이해할 수 없는 처사에 대해서도 일침을 가했다.

아담 사이즈는 교원이 된 후 제대로 권능을 발휘했다. 출근부는 물론, 각종 기안지에 부지런히 찍혀졌다. 학생들의 성적 소표 일람표 등등에 대한 계속된 날인은 그대로 직무의 리듬이었다. 그것 없이는 일을 할 수 없었다. 자연히 교무실 책상 서랍에 소중히 넣어 두고 다닐 밖에. 달과 해가 거듭하면서 서서히 그 무게도 더해졌다.

뜻밖의 사건이 일어났다. 알 수 없는 지불명령 쪽지가 날아왔다. 즉각 이의 신청을 했다. 이윽고 정해진 날에 법원을 찾아가야 했다. 열이 치솟고 떨리기도 했다. 10시까지의 출두여서 시간을 맞추느라 급히 갔는데도 어찌된 일인지 점심때가 되어도, 하오 5시가 넘어도 딴 이름만 줄줄이 불러댔다. 지정된 자리에 부동자세를 취하게 된 건 정확히 하오 6시. 재판관은 잠시 우물쭈물하더니 "됐어요. 가세요. 더 안 와도 됩니다." 하는 것이었다. 그런 판결도 있나? 그러나 재빨리 들어선 다음 사람에 밀려 쫓기듯 퇴정하고 말았다. 귀신에게 홀렸다가 풀려난 기분이었다.

열흘이나 지났을까. 전출한 한 동료의 편지를 받았다. 거두절미하면 그가 내 도장을 슬쩍하여 나를 연대보증인으로 세우고 돈을 빌렸다는 것이다. 채권자는 이미 고인이 되었는데 아들이 사망신고를 하지 않고 그렇게 잔머리를 굴렸다는 얘기다. 미안하기 이를 데 없지만 다 해결되었으니 안심하라는 사죄였다.

이를 계기로 나는 도장을 늘 도장집에 넣어 몸에 지니는 버릇을 길렀다.

한번은 어떤 친구가 "곗돈 타는 데도 보증을 세우라니, 내참." 하고 어이없어 하면서 불쑥 쪽지를 내밀었다. 별 생각 없이 '쾅' 하고 호기를 부렸다. 결국 그것 때문에 나는 1년을 꼬박 몸부림쳤다. 그는 나만 모르고 있었을 뿐, 모두가 잘 아는 빈털터리였다. 봉급은 이미 차압되었고 여기저기 빚이 '대추나무 연 걸리듯' 어지러웠다. 내기는 쉬웠던 '쾅' 소리가 지우기는 왜 그리 힘들었던지.

사실은 그 때까지도 무심했었지만 이를 계기로 나는 '계'라는 것과는 평생 무연한 입장이 되었다. 그리고 책임을 일깨워 준 도장의 윤리에 대해서 사뭇 옷깃을 여미는 자세를 다졌다.

직장을 책임지면서 도장의 역할이 부쩍 늘었다. 그러나 그 대응은 기민했다. 위의 두 경험이 바로 그 경영의 뒷받침이 되어준 탓이다. 수없이 되풀이되는 '쾅, 쾅' 속에 저절로 자획이 무디어지고 흐려졌다. 바꾸라는 권유들이 있었지만 손가락 속에 폭

안기는 그 평온을 나는 도저히 저버릴 수가 없었다. 그리하여 그와 나는 그야말로 평생의 감밀적甘蜜的 반려伴侶가 된 것이다.

목도장에는 도장밥과 내 손때가 스며 있다. 뿐만 아니라 거기엔 나의 사랑과 신념, 아니 나의 인생이 스며 있다. 도장과 나는 이제 더불어 퇴역, 퇴임한다. 하지만 나는 그 목도장을 죽을 때까지, 아니 저승에까지 대동할 것이다.

(1999)

눈의 창

호주머니를 다 뒤져도 없었다. 어찌된 일인가? 집에 두고 왔을까? 아니 버스에서 한참 쓰고 있었는데…. 얼른 갈피가 잡히지 않았다.

동행한 문우가 기민하게 버스회사에 사정을 얘기했다. 분실물센터로, 배차계로, 청소계로, 다시 기사에게까지 줄줄이 확인했지만 허사였다. 그런 물건은 못 봤다는 한 목소리였다.

상의를 접어 무릎 위에 놓고 살짝 잠이 든 게 화근이었다. 위 포켓에 안경을 넣어둔 채, 깜박깜박하다가 차가 멎을 때 놀란 토끼처럼 화들짝 뛰쳐나갔으니 꼭 잃어버릴 짓만 가려서 한 셈이 되었다.

안경 없인 모임을 주재할 수가 없었다. 응급조치로 앞줄에 앉은 동년배의 '눈'을 재빨리 가로채 콧등에 얹었다. 쪽지의 글자들이 와락 달려들었다. 그러나 글자가 턱없이 크기도 하고 비틀어지기도 해서 어리둥절했다. 쓰다 벗다 하는 요령으로 제법 왕년의 노교수 흉내를 냈다. 눈알이 얼얼한 것도 같고 머리도 띵해지는 것 같았다.

판유리 기술이 변변찮던 광복 직후, 학교 유리창들은 그야말로 요지경이었다. 새로 끼워지는 유리들은 모두가 희한했다. 투명하고 파르스름하고 얇고 두껍고 더러는 크고 작은 기포들이 은하수처럼 화려하게 흩어져 있기도 했다. 아무렇게나 편편한 예술품이었다 할까. 이 예술의 창이 보여주는 바깥은 나를 망연하게 했다. 제 모습인가 하면 일그러지고, 제 빛인가 하면 파르스름하고, 밝은가 하면 흐리고, 보이는가 하면 안 보이고…. 여리고 강한 햇빛이 다함없이 재간을 부릴 땐 그 다채로운 변용이 경이의 향연 같기도 했었다.

남의 안경이 트여주는 바깥을 보면서 왜 느닷없이 옛 유리창이 생각나는가. 똑같이 석영으로 만들어져서일까. 같은 뿌리의 서로 다른 역할 때문일까. 상반된 서정 때문일까. 실체와 피사와의 괴리 때문일까.

'안경쟁이, 안경잽이'란 별명이 턱없이 욕되던 시절이 있었다. 그 땐 안경을 쓴 사람들이 아주 드물었다. 시력이 좋지 않아도 금방 그것을 장만할 형편들은 아니었다. 대체로 넉넉한 집 아이들이 안경쟁이였다. 조무래기들은 걸핏하면 이름 대신 이를 연호하면서 약을 올리곤 했다.

나는 그 때, 이 안경쟁이가 얼마나 부러웠는지 모른다. 우선 그 모습이 멋져 보였다. 눈을 예쁘게 두른 동그란 은테가 콧등에 얹히고 양 귀 부리에 살짝 걸친 모습이 왜 그리 의젓해 보였던지! 그러다가 어느 날 안경을 벗어버린 얼굴을 보게 되었다. 섬뜩했다. 뜻밖에 서먹해져서다. 갑자기 눈이 가늘어지고 피부가 희뿌옇게 드러나 사뭇 다른 두 얼굴로 느껴졌다. 그러나 그 이중성에 알 수 없는 어떤 깊은 심지가 깃들어 있을 것 같은 묘한 생각이 들었다. 좌우간 나도 안경을 쓸 수 있었으면….

나의 시력은 2.0인지라 좀처럼 안경을 쓸 수 있는 기연은 오지 않았다. 그러나 흐르는 세월과 함께 언제부터인가 안경을 끼는 사람들이 부쩍 많아졌다. 전자파 공해라고도 하고 과로 탓이라고도 하고 멋내기라고도 했다. 아마도 열 명에 서너 명은 어떻든 안경을 쓰고 있는 실정이었다. 그만큼 희소가치가 떨어진 셈이다. 내 욕망도 자연히 시들해질 밖에. 오히려 어떤 공해도 피곤도 유행도 타지 않는 야성적인 내 비안경非眼鏡의 건강이 슬그머니 자랑스럽기까지 했다.

시력 보완이 아닌 일반적인 보안保眼을 위한 먹통안경이 방방곡곡을 풍미했다. 흔히 라이 반(Ray Ban)으로 통칭되는 색안경의 파도는 그 본래 목적을 훨씬 뛰어넘어, 장식 차원으로까지 확산이 되었다. 눈 달리고 코 달린 사람들은 거의 라이 반 한두 개쯤은 장만하고 있었다. 나도 그 대열에 끼였다.

한여름의 해수욕장, 한겨울의 스키장은 그대로 눈부신 라이 반의 파노라마였다. 사람들은 모두 제 몸과 제 얼굴에 잘 어울리는, 짙고 옅은 검은 색조들을 눈자위에 붙이고 경연하듯 당당했다. 나는 그 쪽과는 좀 무연한 편이어서 한두 번 여행하듯 스쳐 왔을 뿐이다.

필요에 따라 일상생활에서도 색안경은 자주 챙겨졌다. 나도 한동안 시력 보호를 구실로 즐겨 활용했다. 녹음처럼 상큼한 서정이 덮여지면 삽시간에 평안했다. 그것은 콧등을 은근히 누르는 안경 특유의 무게를 훌쩍 능가한 것이기도 했다.

어느 술자리에서 한 친구가 색안경 작작 쓰라고 했다. "너답잖게 웬 색안경이냐. 네가 형사냐. 눈 버린다, 눈 버려." 하는 것이었다. 평소 말수가 적고 또 남의 얘기라곤 입정에 잘 올리지 않는 친구여서 문득 머쓱해졌다. 몇 번 고개를 끄덕이다가 말없이 손을 내밀었다.

안과 밖이 그리 다른가. 생각하면 그럴 법도 하다. 안은 편안하게 감추고 밖만 살피는 짓은 아무래도 형사나 기관원들이 직무상의 몫일 것이다. 여느 사람에겐 안이 밖을 불편하게 하거나 밖이 안을 혼란스럽게 하는 일은 당찮은 일이다. 안팎이 다 하나로 이어져야 이치에 맞지 않는가.

색안경이 눈을 버린다는 말도 그렇다. 검은 안경은 검게, 빨간 안경은 빨갛게, 각각 온 세상을 물들인다. 그것은 실상이 아니다. 그게 그대로 고착된다면 하나밖에 못 보는 바로 색맹이 되니 말이다.

나의 색안경은 그래서 운전할 때를 제외하곤 거의 갑 속에 있다. 단순 보안용이 아닌 돋보기에 맞보기까지 함께 붙은 진짜 안경을 쓴 지도 꽤 오래 된다. 그것은 그 동안 내 2.0의 시력을 유지

하는 데 크게 공헌했다. 그 고마운 피붙이를 나는 야박하게도 속절없이 잃은 것이다. 그 방심이 가슴을 저민다. 기왕 잃은 것, 나보다 더 어려운 사람의 콧등에 얹혀졌으면 싶다.

창을 닦는 마음으로 안경을 간수하고 항상 바르게 눈을 뜨고 싶다.

(1998)

뜻밖의 일들

나날을 살다 보면 뜻밖의 일들이 빈번이 일어난다. 대수롭지 않게 시작한 일이 예상외로 잘 마무리되는가 하면 제법 계획하고 준비한 일이 오히려 엉뚱한 결과로 나타날 때가 많다. 대개의 경우, 그렁저렁 풀려가지만 그 갭이 클 때는 자연히 행운이니 불운이니 하는 말들을 곱씹게 된다. 행운이야 평소 자신의 성심이나 분복의 당연한 보상쯤으로 흐뭇해 하지만 불운의 경우는 그것이야말로 자신으로서는 어찌할 수 없는, 빨리 지나가버려야 할 돌발사라고 안타까워한다. 그러나 세월이 가면 그것들도 다 삶의 훌륭한 자양으로 곰삭게 마련이다.

학생 시절, 나는 ㅅ, ㅇ 두 분 교수로부터 전혀 짐작하지 못한 평가를 받은 일이 있었다. 명석한 논리와 낭만을 함께 그리던 당시의 그 순수로서는 얼른 납득이 되지 않는 뜻밖의 일이었다.

ㅅ교수는 농사꾼의 풍모였다. 단단한 체구에 오리발 걸음이 그의 트레이드 마크였다. 그러나 그 보폭은 지게질에 다져진 머슴처럼 뚜벅뚜벅 지심을 울리는 위력이 있었다. 의복이나 장식은 아무렇게나 자유로웠다. 새 옷도 그만 헌옷도 그만이었다. 다만 형형한 눈빛이 이런 모든 것을 압도하는, 범접하기 힘든 분위기를 형성하고 있었다. 비 온 뒤, 모내기에 열중하는 품앗이꾼들의 분주한 손놀림처럼 강의는 일호의 틈도 주지 않고 내뿜는 분수였다. 내용에 따른 다양한 변주로 시간 시간을 꼼짝 못하게 사로잡았다.

결강이니 휴강이니 하는 말은 숫제 사전에 없었다. 강의시간에 좀 늦게 들어오고 일찍 나가는, 그래서 우리를 문득 행복감에 젖게 하는 그런 여유도 없었다. 학기가 시작되는 첫날 첫 시간을 개구식開口式, 끝날의 마지막 시간을 폐구식閉口式이라 해서 환담이나 나누었던 당시의 풍조를 ㅅ교수는 전혀 괘념치 않았다. 개구식은 시작 5분, 폐구식은 끝낼 5분의 그야말로 경제적 의전儀典으로 마감해 버린, 그는 철두철미 강의 제일주의자였다.

한번은 시험을 엉망으로 치른 일이 있었다. 재빨리 마음을 추슬러 다시 수강할 생각을 했다. 그래서 아예 공고판도 보러 가지 않았다. 다녀온 친구들의 수다 가운데도 웬일인지 나에 대한 이야기는 나오지 않았다. 좀이 쑤셔서 지나는 길에 곁눈질하는 것처럼 슬그머니 공고판을 스쳐보았다. 역시 이름이 없었다. 눈을 닦고 다시 보아도 보이지 않았다.

'이런 기적도 있나! 기록과정의 누락일 테지, 그럴 거야!' 아무래도 ㅅ교수에게 여쭈어 봐야 할 일이었다. 그러나 용기가 나지 않았다. 그 기적이 행여 들통날까 봐 오히려 조마조마하는 비굴이 앞을 가로 막았다.

며칠 후, 시간이 끝났을 때 ㅅ교수를 뒤좇아 낭하로 나갔다.

"무슨 일로?"

"지난번 시험 죄송합니다."

"음, 아니야. 그래도 자네는 기본 점수는 따고 있어."

"?…."

"자네들에게 내 백이나 가르쳤다면 시험은 고작 두서넛 될까. 그 동안 자네는 한 시간도 빠진 일이 없으니 어디서 무엇을 알아도 학점 딸 만큼은 너끈히 알고 있을 거야. 됐어, 됐어."

"열심히 하겠습니다."

기적 같은 뜻밖의 일이 현실로 굳혀지는 경이였다.

이런 행운도 있나. ㅅ교수의 그 원칙주의 속에 그 같은 융통성과 인정이 넘쳐 있었다니 참 놀라운 일이었다. 생색내기 다짐 한마디 없는 그 진지한 표정은 나를 교묘하게 흔드는 신선한 격려였다.

ㅇ교수는 멋쟁이였다. 영국신사라고들 했다. 날렵한 몸매에 준수한 용모가 몇 안 되는 여학생들을 까무러치게 했다. 남학생들 중에도 수강신청은 하지 않고 강의만 듣는 학생들이 심심찮게 있었다. 말하자면 그는 스타교수였다. 결강도 휴강도 더러 있었고 개구식 폐구식도 구성지게 운영했다. 어쩌다 시간에 좀 늦게

들어오고 늦게 나가는 일도 당당했다. 강의 중 잦은 탈선이 오히려 일품이었다. 주로 음악과 미술에 관한 얘기였다. 잔잔한 해설과 날카로운 비평이 귀를 번쩍번쩍 세우게 했다. 나는 그런 일련의 매력에 쏠려 수강을 신청했다.

시험을 치렀다. 뜻밖에 학점이 나오지 않았다. 그럴 리가 없을 텐데…. 기록상의 착오? 그럴 수도 있겠지. 당당하게 ㅇ교수를 찾았다.

"왜?"

"학점이 안 나와서요."

"무슨 과 몇 번?"

즉각 관등성명을 외웠다. 수첩을 한참 뒤적이던 ㅇ교수는 고개를 끄덕끄덕했다.

"시험은 괜찮게 보았어."

"?…."

"그래도 학점은 줄 수 없어."

"?…."

"언젠가 학생은 내 질문에 대답하지 못했어. 그런 학생들에겐 아무리 시험을 잘 치러도 학점을 안 주기로 했어." 하고 말문을 닫았다. 아니, 수첩을 닫았다. 나는 아무 소리 못하고 휘청걸음으로 물러났다.

이런 변도 있나. 그렇다면 시험은 왜 쳐. 영국신사에게 그런 알 수 없는 트집이 있었다니, 알다가도 모를 일이었다. 나는 속으로 얼마나 못할 말을 투덜댔는지 모른다. 운수치고는 참으로 고약한 불운이었다. 억울한 수모 같기도 했다.

학교를 마치고 나는 교사가 되었다. 기자가 되고 싶었는데 엉뚱하게 자리를 잡게 되었다. 취직이 하늘의 별 따기였던 그 시절에 뜻밖에 향리 고등학교의 부름을 받게 된 탓이다. 한동안 호칭부터 달라진 환경이 서먹서먹했다. 아니, 선임자들의 흉내 내기에 급급했다. 이러구러 전후좌우가 좀 보일 만큼 여유가 생겼을 때 ㅅ, ㅇ 두 교수에 대한 생각이 절로 났다. 상반된 평가에 대해서 한편은 좋아하고 다른 한편은 투덜댔던 그 맞선 정서가 어느새 하나로 뒤섞여진 잔잔한 추억으로 무르익어 있었다. ㅅ교수의 거시적 안목은 말할 것도 없거니와 ㅇ교수의 돌출변이 같은 그것도 학생들의 평소 공부에 대한 독특한 개별평가로 따뜻하게 수용되었다. 나는 감히 이를 원용해 볼 생각을 했다.

ㅅ교수의 사상에 접근하기 위해서 나는 되도록 많은 시험문제를 내기로 했다. 이를테면 30문제를 내서 20문제만 골라서 해답하라는 식이었다. 전반적으로 성적이 좋게 나타났다. 그러나 풀어야 할 문제점은 한두 가지가 아니었다. 특히 상대평가가 요구하는 이른바 성적의 정상분포 곡선이 멋대로 춤을 추었다. 같은 100점이라도 정확히 20문제를 골라서 답한 학생이 있는가 하면 30문제를 모조리 맞추는 실력파도 있었다. 그만큼 100점 자리의 변별도가 골칫거리였다. 이 같은 난제들을 나름대로 하나하나 다듬어가던 중, 뜻밖에 평가방법이 절대기준평가로 바뀌어 상당한 탄력을 얻기도 했다.

한편, ㅇ교수의 평가방법을 원용하기 위해서 먼저 수첩 활용을 철저히 했다. 수업과정에 나타난 학생들의 개별적인 특기사항을 낱낱이 기록한 것이다. ㅇ교수는 이를 못한 쪽에 관심을 두고 체크했었지만 나는 오히려 잘한 편을 낱낱이 메모했다. 그리고 이를 시험성적에 더해 주는 후덕을 베풀었다.

그러나 이 같은 두 교수의 흉내는 대학입시가 엄청난 경쟁으로 치닫게 되면서 속절없는 호사가 되고 말았다. 중등학교의 모든 평가는 사실상 원·불원간에 그 틀에 종속되어졌기 때문이다. 2001년부터는 그 체계가 크게 바뀐다니 그야말로 '새 학교문화 창조'의 다채로운 도약의 계기가 되었으면 싶다.

나는 지금 뜻밖의 글을 쓰고 있는 셈이다. 퇴직 후에는 그에 걸맞게 새 일, 새 생각만을 좇자고 다짐했었는데 회고조가 된 이야기가 또 떠올려져 '뜻밖의 일'에 대한 의미를 되새기게 한다. 느닷없이 닥친, 미리는 알 수 없는 어떤 일이나 결과를 상량해 본다면 과연 그게 근거 없이 생길 수 있는 것인지 갸우뚱해진다. 그렇다면 그 근거는 어디에 있는 것일까. 아무래도 뜻밖의, 다른 어떤 것 속에서 찾을 수밖에 없다. 내 학점과 연관된 행운 및 불운 같은 게 바로 그 좋은 예라 할 것이다. 나에게 그것은 느닷없이 닥친, 미리 알 수 없었던 '뜻밖의 일'이었다. 겉으로 보기에는 마땅히 그렇게 되어야 어떤 일이나 진배없었다. 그러나 그 속에 근거가 있었던 건 아니다. 근거는 그것 밖에, 교수들의 학생평가에 대한 재량권 속에 있었다.

내가 담당했던 학생들에게는 내 평가가 또한 뜻밖의 일이었을 것이다. 그런데 그 근거는 기이하게도 나의 그 '뜻밖의 일'에 있었으니 아이러니라면 아이러니다. 뜻밖의 일들과 마땅히 되어야 할 일들이 문득 두루뭉술해진 느낌이 된다. 그렇고 보면 그렇게 되어야 할 일들이란 무수한 뜻밖의 일들을 통해서 스스로를 관철해 나가는 힘이 아닌가 싶다.

나날을 살다보면 뜻밖의 일들이 빈번히 일어난다. 그것들은 결국 곰삭아서 마땅히 그렇게 되어야 할 일들의 뿌리를 튼실하게 하는 훌륭한 요소들이다. 행운 및 불운은 그렇게 큰 문제가 아니다. 말하자면 찻잔 속의 순풍, 역풍 같은 것이라고나 할까.

(1999)

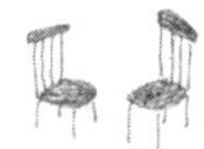

묘한 역성

나더러 양띠를 얘기하란다. 갑자기 옆구리를 한 대 얻어맞은 기분이다. 남의 허점을 어쩌면 그리 용하게도 비춰내는가! 내겐 그런 걸 얘기할 만한 밑천이 없다. 무슨 띠니 지지地支니 하는 것엔 사뭇 무심한 채 연호 아래에 적힌 숫자가 바뀌는 것으로, 항상 새해를 간결하게 맞곤 했기 때문이다.

'아는 것이 힘'이라 했다. 힘은 곧 삶의 원천이다. 그래서 배우는 일은 평생의 일거리다. 그렇다고 모든 것을 다 배울 수는 없는 일이다. 보통의 경우 긴요하지 않은 것은 자연히 덮어지게 마련이다. 전문성을 요하는 경우도, 그 집중을 요하는 경우도 그런 조율을 회피할 수는 없을 것이다. 그래저래 배운다는 것은 수용하는 양보다 거부하는 양이 훨씬 많다고 할 것이다. 내게 있어서 띠는 말하자면 바로 그 덮어진 부분에 속한 것이다.

내가 초등학교에 입학할 때는 간단한 구술시험이 있었다. 막내 삼촌이 이를 대비해 주었다. 일제시대여서 그랬겠지만 생년월일을 일본말로 외게 했다. '쇼와昭和 몇 년, 몇 월, 몇 일'이란 희한한 소리였다. 일본말로 '하나, 둘, 셋'도 간신히 혀를 굴리는 처지에 '쇼와' 어쩌고저쩌고 하는 소리는 하늘에서 내려오는 별 소리 같았다. '쇼와, 쇼와, 쇼와….'

할머니가 무슨 띠라고만 대면 할아버지는 손을 펴고 엄지손가락 끝으로 네 손가락 마디마디를 차례로 짚으며 그 나이를 금방 알아맞혔다. 또 할머니가 무슨 일을 한다면 일진日辰이 좋다 궂다, 어디에 손이 있다 없다 하고 사전 정지작업을 잘해 주었다. 신기했다. 그러나 그게 왜 '쇼와'와는 연결이 안 되는지 아리송했다. 학교에서 가르쳐 주지 않은 그런 복잡한 것은 몰라도 좋을 것 같은, 아니 몰라야 마땅하다는 생각이 들었다.

"오늘이 며칠이냐?"고 물으면 나는 얼른 달려가 달력을 보고 양력陽曆으로는 며칠, 음력陰曆으로는 며칠 하고, 마치 새벽을 흔드는 닭처럼 외어대는 소년기를 보냈다.

할아버지는 애기 눈썹 같은 초승달이 보름달로 둥글게 밝아지고, 다시 실낱같은 그믐달로 이우는 변화와 그 날짜를 맞추며 음력이 이치에 가장 맞는 것이라고 했다. 그럴듯하게 느껴졌다. 그러나 나는 어쩐지 그게 일본이 강제로 쓰게 한 양력에 대한 일종의 반항처럼 생각되었다. 일본이 우리 설을 '이중과세二重過歲'라 하여 아무리 못 쇠게 해도 우리 집에선 한 해도 거르지 않고 사당 차례를 올렸으니 말이다.

"상촌댁上村宅은 머리도 좋아." 할머니가 '무슨 띠 다음은 무슨 띠, 무슨 띠' 하고 척척 외어댈 때, 할머니 친구들이 한 말이다. 할머니는 "아니, 그 반대제(지). 무슨 년, 무슨 년 하는 건 잘 안 왜져도 짐승 이름으로 무슨 띠, 무슨 띠 하는 건 제복(법) 귀에 쏙쏙 들어오니, 안 그런가!" 모두들 "그래, 그래." 하고 웃었다. 들먹여진 동물들이 마치 그 해의 운세라도 좌우하는 것 같은, 별별 얘기들이 전설처럼 진지하게 오고갔다.

8·15 해방이 되었다. 일본 연호인 쇼와 대신 불쑥 서기西紀가 나타났다. 해방공간의 돌변이었다. 설은 당당히 광복되었지만 날짜 가는 건 여전히 그대로였다. 그래도 쇼와 때보다 점치고 사주 보는 사람들이 많아졌는지 '무슨 띠 무슨 시'냐고 묻고 따지는 일들이 더욱 활발해지는 것 같았다. 나는 그 때 그런 곳을 드나들면서까지 앞을 내다봐야 할 시기도 아니었지만, 나중 생각해보아도 그런 의욕적인 사람들과는 아예 겸상을 할 자격이 못된 위인이었다.

정부가 서고 마침내 연호가 단군기원檀君紀元으로 통일되었다. 그러나 반짝했던 설은 또다시 이중과세의 논리에 휘말렸다. 양력 신정新正을 설이라 부르고 진짜 우리 설은 구정舊正이라 불렀다. 5·16 쿠데타 이후, 우리도 이젠 열린 세계의 일원이 돼야 한다며 단기 대신 다시 서력기원西曆紀元을 다시 쓰기 시작했다. 나는 가만히 앉아서 내가 태어난 해를 세 번이나 바꿔서 외워야 했다. 그런데도 서기보다 단기가 무려 2천 하고도 3백33년이나 앞선 것이 묘하게 자랑스러웠다. 할아버지 말씀대로 '무슨 생, 무슨 띠' 하고 생일을 외웠더라면 이런 변고는 없었을 텐데 하는 생각이 문득 들기도 했다.

한가윗날이나 마찬가지 선상에서 설날을 맞으려면 아직도 한 달이나 남아 있는데, '천구백' 어쩌고 하는 숫자의 새해에 느닷없이 '갑, 을' 어쩌고 하는 육갑의 새해를 덧붙인 것이 나는 얼른 납득되지 않았다. 그리고 동면 중인 그 띠의 짐승을 흔들어 깨워서 예술을 만드는 온갖 쇼가 나에겐 어이없는 짜깁기 같기도 하고 당찮은 앞 잔치 같기도 했다.

산업사회가 이룩되면서 그 현장에는 젊은 역군들이 구름 떼처럼 몰려들었다. 그들이 설이나 가위 때가 되면 두고 온 부모와 선영을 찾아 모두 팔방으로 안개처럼 흩어져 나갔다. 이를 두고 라디오나 TV에선 '민족의 대이동'이라고 목청을 높이고 카메라를 들이대곤 했다.

그런 추세에 밀릴 것인지 생각이 트인 것인지, 정부는 마침내 설을 이중과세 운운하는 족쇄에서 풀었다. 민속명절로 복원하여 연휴의 특혜도 누리게 했다. 만시지탄晩時之歎을 외워 무엇하리. 그러나 신정 초하루에 덧씌워진 설이라는 이름은 그대로 쓰여졌다. 막상 설날이 닥치면 구정이라고도 하고 설 명절이라고도 했다. 심지어는 '다시 한 번 새해를 축하한다.'라는 말도 나왔다. 그래도 되는 것일까. 설은 새봄 초하루로, 1월 1일은 새해 초하루로 그렇게 정리하여 통용하면 어떨까. 그리고 새해 띠의 동물은 당연히 봄에 깨워야 하는 것 아닌가.

나는 시방 무얼 말하고 있는가.

편집자의 의도는 2002년이, 아니 말띠 해인 임오년壬午年이 날씨도 나라 살림도 부릅뜬 경마競馬처럼 살벌했으니 양띠 해인 계미년癸未年은, 아니 2003년은 제발 양처럼 순하고 부드러운 해가 되었으면 하는 그런 어떤 내용의 주문일 터인데, 나는 엉뚱하게도 연호와 기원, 양력과 음력, 띠 등에 대한 공연한 말꼬리 잡기로 면책을 삼으려 하고 있으니 이 무슨 역성인가.

2003년 새해부터는 아니 새봄부터는 양처럼 순한 '사람다운 사람'이 돼야 하지 않을까, 그런 생각을 해본다.

(2002)

묘한 행운

운수라는 게 있는 건지 없는 건지 난 모르고 산다. 숫제 알려고도 한 바 없다. 내 앞에 던져진 현실을 그냥 부딪치고 돌고 넘고 때론 포기하곤 했을 뿐, 운수에 그 핑계를 댄 적은 없다. 현역 때도 승진을 시샘하거나 무슨 선출 직에 도전해 본 일이 없다. 교직을 천직으로 받든 것도 아닌데 뭉그적이다 보니 그래도 아무 탈 없이 법정 퇴임을 하기에 이른 것이다. 어느 친구 말마따나 나는 참으로 '무재미가 재미이고 무덤덤이 덤덤인 사람'으로 세상을 대강대강 살고 있는 편이다.

퇴임 후가 반드시 휘휘한 것만은 아니었다. 이따금 동료들과 회고조回顧調에 젖어보는 것도 생각보다는 쏠쏠했다. 더러 주제 있는 방담이 무르익으면 시계時計도 살짝 눈을 감아주었다. 문우들과의 합평회나 세미나도 직장 때문에 쫓길 일이 없어서 느긋

했다. 그에 이은 이른바 '재미나'도 빠질 까닭이 없어 흐뭇했다. 술과 노래와 춤이 하나가 되는 묘한 충전감充塡感! 그래서 인생도처유청산人生到處有青山이라 했을까.

ㅈ선생이 하던 강의를 내가 잇게 되었다. 병문안 자리에서 우연히 부탁을 받게 된 잠시의 대강代講이 그 연이 된 것이다. '수강자들이 자습을 하겠다고 했지만 그럴 순 없는 일이니, 한 서너 주週만 수고해 달라'고 했다. 나는 선생을 대강할 주제가 아닌 줄 잘 알면서도 아픈 분에 대한 '위안의 예'를 저버릴 수가 없었다. 그런데 선생의 검진결과가 뜻밖에 좋지 않아, 대강이 본강本講으로 바뀌게 된 것이다. 이를 두고 주변에선 무슨 얘기들이 잠시 오고간 것 같았다. 직접 '자넨…!' 하는 친구도 있었다.

나는 술도 담배도 모르고 살아왔다. 더러 권유를 받기도 했지만 그럴 때마다 나는 엉뚱하게 '기독교 신자'로 거짓 행세를 하기 일쑤였다. 꼭 그래야 할 무슨 사연이 있었던 것은 아니다. 그럴 수밖에 없는 어떤 신체적 조건이 있었던 것도 아니다. 어쩌다 보니 그냥 그리된 것이다. 이젠 제법 쾌음快飮을 논지論之할 수 있게 되었지만 쾌연快煙은 여전히 미답인 상태. '록, 록, 록' 하는 혀 굴림으로 둥글게 둥글게 그려내는 예연藝煙을 부러운 눈으로 바라보는 처지다. 그 동안 내게 붙여진 그 과분한 그 정가표는 하마 바뀔 법도 한데 웬일인지 요지부동이다. 그리하여 황감하게도 친구 부인들께서 내가 친구를 부르거나 동행을 원한다면 묻지 않고 즉각 쾌락快諾해주신다니…. 아-, 그 보호색…!

잡기완 아예 연이 멀다. 화투 하나를 두고도 나는 얼마나 무력감에 젖어 있는지 모른다. 둘러앉으면 모두들 눈빛이나 손놀림이 그야말로 전광석화다. 패를 쥐었다 하면 즉각 '고' 아니면 '스톱'이다. 그 기민한 눈셈에 나는 그저 망연해질 뿐이다. 친구들과 더러 여사旅舍 같은 데에서 머물게 되는 경우, 그것은 당연히 주된 행사였다. 물을 것도 없이 나는 '꿔다 놓은 보릿자루'가 된다. 애먼 술이나 과일 따위로 머쓱함을 채우다가 스스로 '왕따' 되어 구석진 새우잠을 골게 마련이다. 그러니 그 밖의 잡기야 들먹여 무엇하리. 그런데도 그 맹탕을 엉뚱하게 풀이하는 친구들이 적지 않다. '자넨 정말…!'

노상에서 흔히 '예나 다름없다'는 인사를 받는다. '건강관리를 어떻게 하느냐'는 격려성 질문과 함께. 나는 '염려 덕분에' 하고 웃기만 한다. 사실 난 산이나 바다를 심심찮게 찾고 있는 셈이다. 건강을 위해서 계획적으로 하는 일은 아니다. 추우강남 격으로 그렇게 어울리고 있을 뿐이다. 먹는 것은 시골뜨기답게 채식이 주다. 가리는 것 없이 비교적 많이 먹는다. 그런데도 체중은 교과서적인 표준치를 맴돌고 있다. 안타깝게도 살이 오를 줄을 모른다. 그 답답함을 오히려 부러워하는 친구들이 많다. '좀 내놔 그…!'

그냥저냥 이루어진 이런 유의 숱한 일들이 그런대로 곱게 삭여지고 있다. 만일 반대의 경우가 생겼다면 어떻게 됐을까. 누군가가 핏대를 세워, 나의 출강을 '사투리밖에 모르는 주제에 박사도 아닌 것이' 하고 이죽댔다면, 또 건강 문제를 '태생적으로 나약한 부실 종'이라고 빈정댔다면 글쎄, 얼른 판단이 서지 않는다. 시류와 연관된 문제지만 관련 단체와의 하찮은 문제로 어이없이 자살을 결행한, 한 후배 교장의 최후가 마음에 걸려서다. 격정을 접고 보면 본령과는 거리 먼 사소한 일인데 그런 사태가 벌어졌으니…. 시쳇말로 '코드'가 맞지 않은 만남이 아니었던가 싶다.

그리 보면 나는 비교적 호환성互換性이 좋은 코드의 사람들과 사뭇 만났던 것 같다. 그게 어디 사람의 노력으로 될 일이던가. 평생을 살아야 하는 부부도 우연히 만났는데 그야말로 천생연분 같은 사이가 있는가 하면 궁합도 보고, 날도 받고, 좋다는 건 다 갖췄는데도 어이없게 헤어지는 경우가 적지 않으니 말이다. 하물며 한 직장이나 단체에서 잠시 만났다가 헤어지는 사람들에 있어서이랴. 어찌 보면 산다는 건 결국 주어진 운수, 주어진 팔자를 주어진 힘만큼 맴돌다 가는 것 같기도 하다. 그 운수, 그 팔자, 그 힘은 누가 준 것일까.

나는 이 글 첫머리에서 무슨 자수성가의 화신인 양 운수 같은 건 모르고 산다고 했다. 그런데 퇴임 후에도 저절로 소일거리가 굴러든 것처럼 여러 일들이 순조롭다. 그런 현실들을 어떻다고 설명해야 할까. 알 수 없다. 굳이 얘기하라면 아무래도 그냥 행운이라고 할 수밖에. 그 행운은 누가 준 것일까. 모르긴 해도 그 '주재자'는 분명 있는 것 같다. 없다면 삶의 핑계랄까 그 근거를 설명할 길이 까마득해지니 말이다.

나는 이따금 조촐한 추상追想의 숲을 거닌다. 그럴 때마다 '묘한 행운'을 내게 누리게 한 그 '주재자'에게 마음의 큰절을 올린다. 그리고 빙긋이 웃는다.

(2003)

미루어진 꿈

누군들 꿈이 없으랴. 누군들 그 실현을 원치 않으랴. 있다고 거저 되고 바란다고 마냥 되면 그것은 꿈이 아니다. 꿈은 정성을 다할 때 잠시 나타났다가 붙들려면 저만치 빠져나가는 미녀요 미남이다. 재 너머 꽃구름이며 밤하늘의 별이다. 산다는 것은 어쩌면 그 사이의 '거리 좁히기'인지도 모른다.

스스로 꿈을 정하고 가꾸고 매진할 수 있다는 것은 그 자체만으로도 행복한 일이다. 망설이고 터덕거리고 실패에 운다 해도 다시 출발할 수 있다면 그 또한 행복한 일이다. 그러나 무언가에 걸려 자꾸 미루어진다면 피어나지 못한 채 시들 수도 있다.

'마이 디어(My dear) 아무개 씨'로 시작된 그 연애편지 사건은 온 학교를 떠들썩하게 했다. 소지품 검사 때, 덜미를 잡혀 전교생 앞에서 공개된 희한한 사건이었다. 낭송하듯 읽기를 끝낸 선생은 "녀석, 하라는 공부는 않고 엉덩이에 뿔부터 나…. 조회 끝나면 교무실로 와!" 하고 단을 내려섰다. 숙연해졌던 분위기가 웅성웅성 술렁거렸다. 당시 나는 '디어'라는 뜻도 모르는 풋내기였다. 여학생 이름에 '씨'자가 붙여진 것은 상상도 할 수 없는, 엄청난 충격이었다.

그걸 쓴 상급생은 공부도 비교적 잘하는 간부학생이었다. 꼭 전하려 했던 것도 아닌, 그냥 사진처럼 넣고 다닌 것이라 했다. 그런데도 학교는 이에 유기정학을 때렸다. 도둑질을 한 것도, 주먹질을 한 것도 아닌데 어찌 그럴 수가 있는가? 나는 턱없이 너무한다는 생각을 내내 떨치지 못했다.

이윽고, '디어'라는 의미가 삼삼해졌다. 그 앞에 '마이'를 붙이면 한결 정다운 표현이 된다는 것도 알게 되었다. 더러더러 소설로 지새우는 밤이 여물 때면 그 속의 주인공처럼 나도 '멋진 연애'를 해야 할 것으로 생각되었다. 그러나 그것은 문득 가슴을 맴도는 열기일 뿐, 실제는 아무것도 잡히는 것이 없었다. 공연히 부끄럽고 막막하기만 했다.

"연애는 신성한 것이라면서 왜 못하게 해요? 소설은 다 그거던데요."

나는 나를 지극히 사랑해주시던 국어선생님에게 불쑥 여쭈어 보았다, 그 사건에 대한 학교의 부당성까지 제기하면서. 선생님은 '녀석 봐라' 하는 경이의 미소를 지으시곤 "연애는 대학생쯤 되어서 생각해라. 너희가 지금 생각하는 그것은 나쁜 쪽으로 빠지기 십상이다. 소설을 더 깊게 읽으면서 멋진 연애가 어떤 것인지 잘 익혀보아라." 하고 물끄러미 보셨다. 나는 속으로 '이크!' 하면서 총총히 물러섰다.

선생님 말씀대로 대학생쯤 되어야 아는 것도 많아지고, 어려운 말도 잘하게 되고, 무엇인가가 될 것 같았다. 소설이나 부지런히 읽으면서 그렇게 하기로 마음을 다지고 나니 오히려 후련했다.

어느 날의 하교 길, 한 여학생이 저만치 앞서 가고 있었다. 쫓아가서 힐금거리는 따위의 짓거리는 건달 몫으로 돌리고 나는 후견인처럼 일정 거리를 유지하면서 의젓하게 뒤따랐다. 가볍게 흔들리는 단발머리, 탄력 있는 걸음걸이, 무거운 책가방이 오히려 장식품처럼 가볍게 동화해버린 그 충일감! 갑자기 가슴이 벅차 나는 한참 동안 걸음을 멈추었다. 누가 그런 나의 속내를 엿보는 것처럼 부끄럽고 겁도 났다. '어쩌면 이런 끝이 나쁜 쪽….' 아, 선생님!

"형은 좋겠네. 연애도 할 수 있고."

박 선배가 대학에 합격했을 때 내가 축사랍시고 했던 말이다. 그는 영어와 한문이 뛰어나고 수학까지도 선생님을 앞선다는 수재였다. 그래서 대학도 '대학 중의 대학'이라는 ㅁ대학을, 거기서도 경쟁이 가장 치열하다는 ㅈ학과를 가볍게 합격한 터였다.

"연애? 덕성이 문제야. 덕성부터 닦아야지. 그럼 여자들은 저절로 모여. 그때 인연도 생기는 거고." 수재다운, 공자님 같은 말씀이어서 나는 고개를 끄덕이며 '그려, 먼저 덕성을!' 하고 되뇌었다.

한 학년을 더하면서 나는 순수니, 지성이니, 양식良識이니 하는 말들에 심취했었다. 문득 덕성이란 말이 왠지 충충하게 느껴졌다. 장죽 문 훈장님의 헛기침 소리가 자꾸 들렸다. 그리하여 나는 매사에 '지성의 조율'이란 말을 즐겨 썼다. 비록 덕성의 비축이 연애를 부른다 해도 그것은 지성의 조율이 긴요하다고, 나도 알 수 없는 당찮은 생각을 했다. 그리곤 다시 '지성을!' 하고 주먹을 쥐었다.

그 무렵, 나는 뜻밖에 박 선배의 청첩장을 받았다.

"내가 장가를 가네. 아니, 내가 장가를 간다기보다는 우리 어머니가 며느리를 맞는다는 편이 더 옳을 것이네. 좌우간 나는 그런 장가를 가네."

"어!" 나는 잠시 어리둥절했지만 백리 길을 한달음에 달려 그 혼례에 참여했다. 기념품으로 '풍랑과 싸우는 돛단배' 액자 하나를 사들고. 한눈에 정성이 깃든 잔칫집임을 알 수 있었다. 홀어머니의 뜻을 말없이 받든 박 선배의 덕성이 거기 모인 많은 사람들의 모습 속에 흐뭇하게 젖어 있었다.

나쁜 쪽으로 빠지기 십상인 세월도 가고, 그런대로 얼마간의 덕성과 지성도 기웃거린, 말하자면 연애도 할 수 있는 나의 대학생활은 기대와는 달리 '갈 봄 여름 없이' 혼돈의 계절이었다. 같은 학과에 두 여학생이 있었다. 꼭 쌍둥이처럼 붙어다녔다. 나는 그녀들과 함께 영화관에도 빈번이 가고, 문학 얘기도 숱하게 나누었다. 어느 날인가 우연히 명동의 한 다방에서 그녀들을 만났다. 여느 때 같지 않은 뭉클한 차림이었다. 향훈이 도도했다. 연애할 때가 된 것인가? 이렇게 시작된, '소설을 벗어난' 나의 '멋진 연애'의 탐색은 갈등과 미루기로 주춤대기만 했다. 그것은 졸업 후에도 사뭇 계속되었다.

드디어 온 집안이 내 혼사문제를 들고 나섰다. '저런 샌님인지 선빈지는 밀어붙일 수밖에 도리가 없다'고들 했다. 어머니는 숫제 함묵으로 일관하셨다. 나는 밀물에 뜬 작은 해초가 되고 말았다.

연애나 결혼의 근원이 육체적 갈망인지 정신적 안정인지는 알 수 없지만, 이를 순조롭게 갈무리한 사람들은 대체로 육체도 건장하고 정신도 온후한 사람들이다. 상대적으로 그런 면이 취약한 나 같은 사람이 연애나 결혼을 '지성의 조율' 어쩌고 하면서 미적댄 것은 그 취약성의 은폐 이외에 아무것도 아니라는 서글픈 생각이 들기도 했다.

그렇다 보니 나도 어쩔 수 없이 박 선배의 선례를 따르는 우리 어머니의 아들이 되었다. 그게 사실, 한 자락의 덕성인지 지성의 조율인지는 알 수 없지만.

나의 '멋진 연애'는 마냥 미루어진 꿈이 되어, 충격이었던 저 '마이 디어'란 말도 붉게 타는 낙조의 구름재 위에 묻혀졌다. 그런데도 예나 다름없이 회향懷鄕 같은 서정이 그윽하다. 이를 어찌하랴.

(2000)

4 · 미 · 망 · 의 · 징 · 검 · 다 · 리

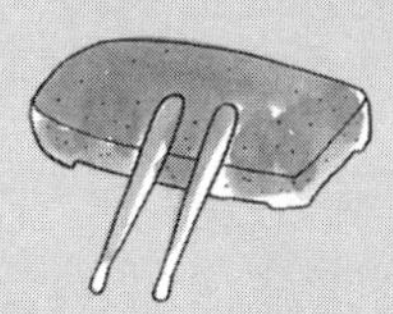

시시풍덩한 이야기

"꼭 수표를 쓰셔야 합니까? 통장을 바꾸시지요. 그건 이율이 너무 낮습니다. 네 곱절 되는 것으로 바꿔 드릴 수 있어요."

창구의 아가씨가 불쑥 내게 한 말이다. 언제부터인가 내 통장엔 면이 바뀔 때마다 "빅맨클럽 창구를 이용하여 주십시오." 하는 안내문이 찍혀 나왔다. 일종의 우대거니 하면서도 그냥 무심히 지냈다. 그 날도 나는 늘 하던 대로 번호표를 뽑아 차례를 기다리고 있었다. 우연히 '빅맨클럽 창구'란 표지標識가 눈에 띄었다. 오른쪽 모퉁이었다. 그 앞엔 빈 의자가 놓여 있었다. 서먹함을 무릅쓰고 그냥 다가갔다. 담당 아가씨의 낭랑한 인사가 인상적이었다. 통장을 본 그녀는 연방 웃으면서 나의 몽매蒙昧를 여러모로 일깨워 주었다. 나는 그 친절을 무조건 받아들이기로 했다.

'빅맨'의 기준이 무엇인지 알 수 없지만 봉급쟁이를 그렇게 분류한 것은 아무래도 돈 장수답지 않은 일 같았다. 어떻든 그런 수준의 거래를 그래도 사반세기가 넘게 이어왔으니 그런대로 '롱맨'은 된 셈일까. 지난 연말엔 예쁜 수첩까지 선물로 받았다. 녹색 표지에 회사 로고와 함께 '포켓 다이어리 2000'이란 표제가 금박으로 산뜻했다. 그 하단에 놀랍게도 내 이름이 또한 그렇게 새겨져 있지 않은가. 크게 대접을 받은 기분이었다.

내가 이 은행을 찾은 것은 이 은행이 무진회사無盡會社의 법통을 이어받은 서민은행이었던 탓이다. 어려운 사람들을 위한 상품이 비교적 많다는 세평이었다. 그러나 나는 행인지 불행인지 그런 것들을 이용해보지는 못했다. 언젠가 봉급이 통장으로 입금되면서 '가계수표'라는 게 등장했다. 이 은행이 선도를 한 것이다. 서민도 마침내 사장님처럼 수표를 발행할 수 있는 기쁨을 안게 된 것이다.

사실, 그 동안 대부분의 봉급쟁이들은 봉급을 봉투째 부인에게 헌납하고 용돈을 타서 쓰는 제약을 누려왔다. 그 결과 살림살이는 꽤 나아졌겠지만 전통적인 부권夫權은 시나브로 사위어졌고, 아이들 앞에서의 부권父權도 그만큼 후줄근해졌다. 그런 정황 속에 비록 가계수준이지만 수표 발행권을 갖는다는 것은 미상불 기사회생의 전기가 아닐 수 없었다. 나는 동료들에게 저절로 굴러온 호기를 결단코 놓치지 말자고 톤은 높였다. 특히 술을 즐기는 친구들에게 제발 주권酒權의 품위를 좀 살리라고 이죽거렸다.

과연 수표는 위대하고 편리했다. 필요할 때 필요한 액수만을 한 장에 적어 발행하면 지폐와 다름없이 소통이 되었다. 나는 거창하게 '신용사회 구현' 어쩌고 하면서 그 작은 쪽지에 고비마다 사장님 같은 기분이 되어 서명했다. 가장으로서의 권위가 파릇파릇 되살아난 느낌이었다.

'가계종합통장'은 수표의 결제뿐 아니라 각종 세금을 비롯한 공공요금, 적금, 보험금 등 때맞추어 내야 할 모든 돈을 제가 알아서 척척 처리해 주었다. 이름 그대로 가계의 중심이 되었다. 주부들은 그 덕에 억지로 좀 편해졌다 할까.

삽시간에 이 상품은 각기 다른 이름으로 모든 은행의 인기품목이 되었다. 그러나 어찌된 일인지 은행마다 자기 은행이 발부한 수표가 아니면 현금으로 바꿔 주기를 꺼리고 아예 받지 않은 곳이 많아졌다. 너무 빨리 쓸모가 없어지는 느낌이었다.

우체국에서 겪은 일이다. 돈을 부치려고 수표를 내놓았다. 창구의 아가씨가 대뜸 "그건 안 받아요." 하고 묘한 코웃음을 흘렸다. 모멸 같은 무안이 치솟았다. 나는 그 이유를 따지고 금융단이 만들어 권장한 제도를 스스로 불신하고 나서면 이를 믿은 서민은 어째야 하는 것이냐고 물었다. 민원 창구의 공무원이 그렇게 봉사해도 되는 것이냐고 다그쳤다. 국장을 만나면 해결되느냐고도 서슴없이 일갈했다. 뒷자리에 앉아 있던 건장한 남자가 상기된 표정으로 다가왔다. 나는 물러서지 않고 불신이 문제라면 내 통장의 잔고를 확인하라고 버티었다. 그는 입술을 두툼히 내밀고 재빨리 전화를 걸더니 아가씨에게 그냥 받으라고 일렀다.

뒤미처 나타난 신용카드는 엎친 데 덮친 격으로 가계수표의 효용을 강타했다. 카드는 예금주뿐 아니라 그 가족에게도 함께 발급되어 수표와는 비교가 되지 않는 기민성을 발했다. 은행은 물론 대기업들이 다투어 이를 공급하는 바람에 웬만한 사람들은 다 카드를 몇 장씩 지니게 되었다. 가계수표는 그만 천덕꾸러기가 되고 말았다.

카드는 돈을 빼든, 물건을 사든 반드시 그걸로 처리할 수 있는 기기가 있는 데서만 제구실을 했다. 수표는 그런 제약을 받지 않는 점에서 여전히 존재 가치가 있었다. 나는 그 가치를 귀히 여겨 집에서 주는 물건값이나 품값은 거의 수표를 사용했다. 우선 편리하기도 했지만 한 사람에게라도 그 신용을 은연중 확인해 주고 싶은 주제넘은 생각 때문이다. 아니, 오기 때문이었는지도 모른다.

'빅맨' 창구의 아가씨 권유에 따라 나는 오랜만에 쓰다 남은 수표장을 반납하고 새 통장을 개설했다. 연금, 공납금 등, 자동으로 연결된 여러 라인을 새 통장에 옮겨야 한다고 했다. 아가씨는 재빨리 내 주민등록증과 새 통장 사본을 떼어주면서 먼저 연금공단에 계좌변경을 통보하라고 했다. 그 밖의 것들은 본인이나 은행이 전화로 간단히 알리기만 하면 된다기에 내친김에 그것도 내가 하겠다고 너그러움을 표했다.

한국통신을 비롯해서 한국전력 등 관련 라인들은 정말 전화한 통화로 즉각 변경이 되었다. 뜻밖에 상·하수도 쪽에서 제동이 걸렸다. "그건 은행에서 통보해 줘야 하는 데요." 하는 소프라노 음성이었다. 아무래도 떠넘기기 같았다. 나는 바리톤 목소리로 돈 낼 사람이 요구하면 안 되고 심부름할 은행이 통보하면 되다니 그런 수도 있느냐고 물었다. “내내 그래왔는걸요.” 역시 낭랑한 목소리였다. 나는 언젠가 우체국에서 겪었던 일이 떠올려졌다. 톤을 바꾸어 시장을 만나면 문제가 풀리겠느냐고 일갈했다. 이윽고, “계좌번호를 알려 주세요. 그냥 제가 해 드릴게요.” 새삼 봉사정신이 발현되었다.

오랜만에, 실로 오랜만에 ‘가계’자가 붙은 신용도 낮은 수표와 상대적으로 이율이 낮다는 종래의 통장을 폐기했다. 이율이 네 곱이나 된다는 거창한 새 통장을 건사하게 되었다. 말하자면 ‘빅맨’이 된 셈이라 할까. 그런데도 일말의 서글픔이 깔리는 건 무엇 때문인지.

아내가 느닷없이 ‘빅맨 빅맨’ 하고 놀려댔다. 대출 문제로 그 은행엘 갔더니 자기보다 ‘빅맨클럽’에 속한 내가 신청하는 게 간편하고 유리하다고 하더란다. 아내는 사람이 어떻게 그런 신용을 얻었느냐고 신통해 했다. 나는 가난할수록 신용이라도 있어야 하는 것 아니냐고 목을 세웠다. 그리고 저간의 이 시시풍덩한 이야기를 쏟아놓았다. 고비마다 시시풍덩한 웃음이 절로 나왔다.

(2000)

알 수 없는 일

중학교 교문 앞을 지나다 보니 웬 경고판이 하나 새로 나붙어 있다. 이미 설치된 운동장 개방 안내판 옆에 제법 앙증스럽게 붙어있는 게 산뜻하다. 모든 교사校舍가 금연구역으로, 특별히 흡연구역으로 지정된 장소 이외에서는 담배를 피울 수 없으며 이를 위반할 때는 범칙금이 3만 원이라는 사실을 경고하고 있다. 덧붙여 청소년에게 담배를 팔 경우, 그 과태료가 30만 원이란 내용도 밝히고 있다.

대부분의 학교에서는 이미 '남교사男教師 휴게실'이란 이름으로 흡연 코너를 운용하고 있다. 이에 대한 법이 제정되면서 생긴, 범칙금 같은 문제는, 그러므로 공문이나 홍보물을 보내주면 될 일이다. 더구나 과태료에 관한 사항은 담배 가게에 주지시킬 일이지 학교 앞에 내걸 것이 아니지 않는가. 경고문에는 교사校舍 밖의 공간에 대해선 아무런 말이 없다. '개방 안내'에 따라 치러진 행사 끝의 꽁초를 비롯한 무릇 오물의 치다꺼리는, 그렇다면 여전히 학생들의 몫이란 말인가?

나는 담배를 피울 줄 모른다. 그러나 그 연기만은 사뭇 마셔온 셈이다. 어릴 땐 어른들의 '자연紫煙' 속에서, 학창시절과 교직시절엔 친구와 동료들의 '폭연暴煙' 속에서 내내 휩싸여 있었기 때문이다.

TV의 홍보대로라면 나는 이른바 패시브 스모킹의 일대 피해자다. 아마도 나의 폐장은 그야말로 '황성 옛터'가 돼 있을지 모른다. 그러나 나는 그런 기미를 전혀 느끼지 못하고 있다. 그런데서 오는 무엄無嚴이 가던 길을 멈추고 그 '경고판'에 눈길을 세우게 된 것이 아닌가 싶다. 청소년의 흡연율이 아무리 폭발적이라 해도 그것은 어디까지나 교육적으로 선도해야 할 문제다. 경고판의 효과는 결국 탁상행정의 한 건 올리기 전시에 불과한 일이다.

담배는 일찍이 국가의 전매사업이었다. 지금도 그 틀을 크게 벗어나지 못한 채 생산은 더욱 활발하지 않나 싶다. 그 동안 수입도 자유로워졌다. 자치단체들이 너도나도 나서서 기왕이면 국산담배로 지방세수확보에 협력해 달라며 사실상 흡연을 부추겨왔다. 그러다가 별안간 담배가 아편이나 되는 것처럼 마구잡이로 금연을 외치고 있다. 도대체 어느 장단에 춤을 추라는 말인가.

언젠가 미국이 담뱃갑에 위해경고를 써넣고 제나라 국민에겐 금연을 권하면서 우리에겐 그 수입을 강요한 일이 있었다. 그때 나는 그 알 수 없는 부조리를 몇 번이나 토악질했다. 그것도 하나의 선진한 덕성이던가? 이제 우리가 그걸 무슨 대단한 노하우나 된 것처럼 본뜨고 있는 건 아닌지. 담배가 해롭다면 결코 남에겐 주지 말아야 하고 그보다 앞서 아예 만들지를 말아야 할 일이다.

나는 흡연자와 어울려 살아왔지만 그 깊은 맛은 모른다. 기쁘든, 슬프든, 화나든, 즐겁든, 감정이 격앙될 때면 그들은 예외 없이 한 개비씩 꼬나물었다. 푹 내뱉는 회백색 그림엔 언제나 크고 작은 멍울들이 촘촘히 배어 있었다.

답답하고 뭐라 말할 수 없이 매사가 권태로울 때, 그들은 궐련을 세워 툭, 툭 다진 다음 불을 붙였다. 입속 가득히 연기를 흔들다가 '록, 록' 하고 혀를 밖으로 차면 둥근 영상이 줄줄이 이어지면서 환상처럼 스러졌다. 일종의 '예연藝煙'이라 할까. 직무에 임해선 그걸 물고 태워야 기안이 되고, 복명서가 되고, 문건이 매듭되는, 그런 친구가 하나도 둘도 열도 아니었다.

나는 중2 때, 문예반 선생의 희한한 흡연철학을 기억하고 있다. 그 분은 당신의 끽연을 일종의 수형受刑이라고 했다. 이룩해야 할 꿈을 이루지 못해 그 죄과로 하루 백환百圜의 벌금을 매기고 그것으로 '무궁화' 담배 한 갑을 사서 연기로 날려 보낸다는 것이다.

흡연, 끽연, 쾌연, 예연, 애연, 폭연 등등의 그 어느 말에 해당이 되든 이를 이미 즐기고 있는 분들의 그 기호권嗜好權은 마땅히 보호되어야 하는 것 아닌가. 그들을 설자리도 없이 몰아붙이면 그 정신적 피해는 과연 누가 보상해야 하는가. 육체적 피해만 보상의 대상이던가. 성장기에 있는 청소년들에 대한 금연교육과는 차원이 다른 문제다. 비록 그들의 폐장이 '황성 옛터'가 되었다 하더라도 그 '폐허에 서린 회포'를 보다 값진 것으로, 더욱 아름다운 것으로 승화한다면 그걸 누가 어떻다고 풀이해야 할까. 아무래도 한 대 꼬나물고 긴 숨을 토하며 상량해볼 일이 아닌가 한다.

나는 여전히 <연노설煙奴說>이니 <중독자>니 하는 진솔한 작품을 발표한 두 분의 작가가 "음, 나 금연했어. 내 돈 주고 담배 사는 일은 없어. 집에선 그러니까 언제나 푸른 하늘이지. 여기 나오면 권하는 것만 피워." 하고 만면에 웃음을 짓는, 그런 안온한 자연紫煙의 분위기를 더없이 좋아한다. 흔연히 끼어 쨍 하고 유별난 잔盞인사를 되뇌곤 한다.

"오래간만입니다."

(2003)

불거 터져야

참여정부의 출현을 기적적이라고 말하는 사람들이 있다. '2002 한일월드컵'에서 우리 대표팀이 4강에 오른 것만큼이나 드라마틱하다는 것이다. 상대 후보의 대세론이 사실상 '받아 놓은 밥상' 같았으니 그럴 만도 한 일이다.

그런 대세론의 반작용인지, 새 정부에 대한 기대 때문인지 참여정부는 짜이기가 바쁘게 데모의 물결에 휩싸이게 되었다. 각가지 휘황한 플래카드와 피켓의 절규가 '결사투쟁'의 머리띠를 날마다 붉게 조였다.

마침내 대통령이 '다 양보할 수도 없고…, 이러다가 대통령 못 해먹겠다'는 푸념을 외기에 이르렀다. 그 일파一波는 삽시간에 만파를 불렀다. 즉각 자질문제까지를 들먹이는 논평과 야유가 지면을 메웠다. '오죽했으면…' 하는 동정의 소리는 희미해 보였다.

데모를 통한 의사표시란 반드시 좋은 방법이라 할 순 없을 것이다. 말도 많고 탈도 많고 이젠 지겹기도 하다. 그러나 마땅히 불거 터져야 할 어떤 제도나 일들이 말만으론 끔적도 하지 않을 때 드디어 동원될 수밖에 없는 것이 바로 이것일 터. 우리는 그동안 이것들이 이룩한 일들을 하나도 아니고 열도 아니게 보아왔다. 그런 가운데 자연히 타성도 생긴 것 같다. 한동안 잠잠한 듯하더니 새 대통령을 맞으면서 오히려 더 자자해지고 거칠어지기 시작했다. 그런 게 '참여'의 실상인지?

친구들 모임에서다. 소방서에 다니는 한 친구가 상사를 비난하며 다닐 맛이 없다고 했다. 본령인 소방업무는 뒷전이고 노상 영전문제나 겉치레 따위에만 신경을 쓴다는 것이다. 배부른 불만이라며 피식피식 웃던 다른 친구가 고개를 끄덕끄덕하더니 "그거 간단해. 불을 질러버려!" 그리곤 갑자기 근엄한 표정을 지었다. 모두들 눈을 껌벅껌벅 두리번거렸다. "사무실이든 관사든 불을 붙여. 그래야만 해결이 돼. 우리 나라에선 무엇이든 불거 터져야 풀리지 않아?" "에끼, 이사람. 큰일 낼 사람이네!" 한바탕 웃음이 쏟아졌다.

불거 터져야 풀린다는 말이 귀에 쏙 들었다. 이만한 민주정부가 세워진 것도 따지고 보면 독재정권에 줄곧 돌멩이와 화염병을 쏘아대고 쇠파이프를 휘둘러, 그 불의와 횡포를 불거 터지게 한, 분신도 불사했던 젊은이들의 헌신 때문이 아니었던가. 그런데도 전직 두 대통령은 저간의 투쟁경력에 걸맞지 않게 '제왕적 대통령'이란 말을 자주 들었다. 투쟁 가운데 형성된 카리스마 때문이었을 것이다. 새 대통령은 그런 걸 접고 '서민적 대통령'으로 다가왔다. 이웃집 아저씨 같은 그런 자세를 안할 말로 만만하게 본 것일까, 연일 밖에선 이익집단의 데모가, 안에선 정파간의 격돌이 우심해졌다. 무엇이 불거 터져야 옳은 것인지 자못 혼란스럽다.

친목모임이란 게 다 그렇듯, 그 모임에서도 두서없는 얘기들이 오고갔다. 또 한 친구가 대한민국 사람이라면 누구나 다 알고 있는 그 '상자떼기, 차떼기, 책떼기'의 정계 스캔들을 저만 아는 비밀이나 된 듯 불쑥 터트리며 의협義俠의 흰 거품을 튀겼다. 신문이나 TV에서 신물나게 들었던 얘기들이라 분위기가 좀 심드렁해졌다. 아까 불을 질러버리라고 했던 그 친구가 "그만 그만해두어. 그들도 다 애국하자는 거 아니었겠어. 아, 그 대세론 속에서 말이야…. 생각하면 그들도 재수 없는 피해자일 뿐이야. 안 됐다는 생각은 전혀 안 들어?" 하고 너털웃음을 토했다. 시끌벅적해졌다. 모인 친구들이 다들 정치나 교육문제라면 팔을 걷어붙여야 직성이 풀리는 족속들이었기 때문에. 이윽고 그 친구가 어떻던 "재수 없는 놈이 애국자"인 것이나 알라고 했다.

시니컬하지만 그 말은 또 그럴듯하게 들렸다. 데모로 불거 터지건, 소추訴追로 불거 터지건 그것이 터져버린 한, 그것은 곧 그에 대한 개선의 계기가 되기 때문이란다. 문제의 '~떼기' 주인공들도 그리 보면 그 일들에 대한 개선의 계기를 충분히 준 셈이다. 그럼 '애국자'가 되는가? 참 해괴한 논리다.

번갯불처럼 스치는 것이 있었다. 한 해양연구원의 안타까운 죽음이다. 남극 세종기지에서 직무수행 중 뜻밖에 당한 조난사고. 어처구니없는 불행이었다. 패기 찬 의욕과 기대되던 훗날이 더없이 아까웠다. 아니, 20대 후반의 그 젊으나 젊은 나이가 가슴을 저미게 아까웠다. 그는 주변의 그런 안타까움 속에 직무인생을 안고 격랑 속에 묻혔다. 내 친구의 그 말투를 빌린다면 그도 '재수 없는 피해자'의 한 사람에 불과할지 모른다.

그러나, 아니었다. 그의 죽음은 단순한 죽음이 아니었다. 세종기지의 열악한 실상을 낱낱이 불거트린 간절한 호소였다. 학문을 접고 몸을 바친, 그리하여 거기 한줄기 빛을 던진, 그야말로 남극 같은 청정한 희생이요 봉사였다. 거듭 명복을 빌지 않을 수 없다.

성숙된 사회를 위해 불거 터져야 할 것은 마땅히 불거 터져야 한다. 그러나 그것은 데모나 소추나 추문醜聞이 대들기 전에, 그 기미를 재빨리 알아차려 미리미리 해소하는 것이 더욱 바람직한 일이다. 그게 성숙한 시민의 자세가 아닌가.

'불거 터져야!' 어쩌면 그건 부조리 인생의 영원한 동반자일지도 모른다.

(2003)

어처구니없는 일

전문직에 있을 때의 일이다. 어느 날, 구레나룻이 정연한, 잘생긴 한 사나이가 불쑥 찾아왔다. 다짜고짜 ㅋ협회 대표이사 승인을 취소해야 한다고 주장했다. 제출서류 자체가 이사회의 결의를 거치지 않은 가짜라는 것이다. 취소하지 않으면 위에도 알리고 신문에도 내겠다고 으름장을 놓았다. 나는 웃으면서 그렇다면 그것을 입증할 수 있는 서류부터 갖추어 오라고 했다.

사실, 나는 그 동안 ㅋ협회에 대해선 그 이름도 모르고 있었다. 그런데 언젠가 느닷없이 이사 승인요청 서류를 가지고 온 사람이 있었다. 등록된 법인이 아니었다. 그는 고개를 갸우뚱하며 도에서 아무 연락이 없었느냐고 물었다. 그리고 등기서류를 보여주었다. 나는 즉각 도에 전화를 넣었다.

"음, 오래 전에 서울에서 우리 도로 옮겨왔지. 공문을 보냈는데….”

명쾌한 답이었다. 나나 실무자나 그런 공문을 본 일이 없었다. 공문접수부를 확인하고, 이곳 저곳을 다 뒤져도 그런 서류는 없었다.

도로 올라갔다. 거긴 발송된 원안이 있었다. 발송된 공문이 오리무중이 돼버린, '귀신이 곡할 노릇'이 생긴 것이다. 나는 순간적으로 담당자에게 그냥 그 원안을 한 부 복사해 달라고 했다. 그도 고개를 끄덕끄덕했다. 그는 이내 그 복사물과 두툼한 서류뭉치를 하나 놓았다. 미처 보내지 못했던 것이라 했다.

나는 그 복사물에 저간의 사유를 적은 부전을 붙이고 곧 ㅋ법인의 파일을 마련했다. 실무자가 문제의 서류를 살펴보더니 임기가 만료된 지 6개월이나 지났다고 떨떠름한 표정을 지었다. 허구한 날 성금만 내는 게 체육법인 이사인데, 아무 말 말고 웃어주자고 했다.

'구레나룻'이 예고한 대로 무슨 짓을 시작했는지, 도에서 ㅋ협회에 관한 조사를 나왔다. 나는 사실을 얘기하고 관계서류를 다 내놓았다. "그 사이에 뭐 별일은 없었지요?" 하는 조심스런 확인이었다. 나는 문제의 공문 탓이긴 하지만 그래도 이사의 충원이 늦어진 건 우리의 '지도부실' 같아 찜찜하다며 웃었다. 그도 따라 웃었다. 구레나룻의 그 '건장한 순진純眞' 이 왠지 귀엽다는 생각이 들었다. 별일 없으려니 했다.

그런데, 하루는 관官자가 붙은 분이 아예 구레나룻을 대동하고 왔다. 중앙으로부터의 이첩이라고 했다. 피식 웃음이 나왔다. 구레나룻이 그래도 체육인답게 무기명 투서가 아닌 기명 투서를 했구나 하는 생각이 들었다. 악수라도 한 번 해주고 싶었다. 확인할 내용은 실무자와 내가 '봉투와 향응'을 받았는지의 여부였다. 설왕설래 끝에 나는 부러 목소리를 낮추어 언제 어디서 누가 어떤 방법으로 몇 백씩이나 주었고 또 향응은 어디서 무슨 술을 내놓았느냐고, 제법 육하원칙을 원용해서 구레나룻에게 물었다. 그는 한참 뜸을 들이더니 당시 자기가 협회 경리였음을 밝히고, 이번에 대표이사로 엉터리 승인된 아무개가 '그렇게 해야 되지 않겠느냐'고 하는 말을 직접 들었다고 털어놓았다. 나는 '그렇다면 한 번 파볼 만하겠다' 고, 나도 모를 말을 했다. 그리고 즉시 그 말에 대한 서면확인을 받았다. 관과 구레나룻과 실무자는 그 서류뭉치를 뒤적거리며 얘길 주고받더니 일어섰다. 나는 구레나룻에게 우정 손을 내밀며 '잘해 보세요' 하고 웃었다. 그도 웃으며 얼떨결에 손을 잡았다. 이젠 별일 없겠거니 했다.

그러나 그것은 세 번째로 이어졌다. 정식 감사가 들이닥쳤다. 정화위원회의 하명이라 했다. 점입가경漸入佳境. 주변의 시선도 '혹시…?' 하는 눈치였다. 한마디 안 할 수가 없었다.

"같은 사안을 두고 이게 무슨 짓이요? 정화위원회 아니라 더 높은 곳의 하명이라 할지라도 도에 있는 확인자료를 보고하면 될 게 아니오. 일개 협회 싸움에 왜 우리가 이렇게 끌려 다녀야 해요? 이런 거야말로 정화돼야 할 일이 아닌가요?"

그런데, 확인할 내용이 달랐다. 불미한 사건으로 물러난 이사가 다시 취임하려면 그 문제가 풀린 후 6개월이 지나야 되는데 꼭 그 기간을 내가 그와 공모해서 지도점검 한번 없이 방치해버렸다는 것이다. 그러기 위해서 서류철에 들어 있는 관련공문을 파기했다는 시나리오였다. 나는 그 서류철을 한번도 펼쳐본 일이 없어서 무슨 서류가 묶여 있는지 알 수 없지만, 이 문제는 좌우간 나도 정화위원회에 정식 고발하겠다고 불만을 토로했다. 그들은 떨떠름한 표정을 지었다. 우선 협회 사무실부터 가자고 실무자와 함께 나갔다. 한참 부산을 떤 것 같았다. 퇴근시간이 가까워올 무렵, 반장이란 사람이 천만다행이라며 손을 내밀었다. 서류철의 목록을 작성해보니 파기했다는 그 서류가 그대로 있더라는 것이다. 안심해도 될 것이라고 말하고 웃으면서 나갔다. 나는 여전히 뽀로통한 채 속으로 이제는 정말 별일 없겠거니 했다.

그러나 별일이 없는 게 아니었다. 국회 무슨 분과위원장의 전화를 받았다며 감사실 책임자라는 사람이 나와 실무자를 상도上道하라고 했다. 얼굴이 확 달아올랐다.

상도 즉시 나는 그에게 직무인생職務人生을 걸고 이 문제는 정화위원회를 비롯한 요로에 내가 할 수 있는 모든 조치를 취하지 않을 수 없다고, 심정을 피력했다. 특히 상급관청에서 하부기관의 얘기보다 오히려 투서자 쪽을 더 믿는 것 같은, 의심이 들었을 땐 참으로 참담했다는 점을 분명히 했다.

그는 잠시 당혹스런 표정이 되더니 우리를 부른 건 단지 위로해 주기 위한 것이라고 부드럽게 입을 열었다. 당연히 있을 법한 당신의 배경에 대한 과시가 슬그머니 빠져서 속으로 웃음이 나왔다. 뭐 불편한 건 없느냐고 친절을 더했다. 내친김에 한마디 덧

붙였다.

무슨 일이 신문에 보도만 되면 그것이 왜곡, 과장, 심지어 허위인 경우에도 그 신문을 따지기보다는 오히려 피해자인 우리에게 '폭넓은 사회생활을 요구'하는 수준에서 얼버무리기 일쑤데 그것이 얼마나 맥빠지는 일인지 아시느냐고 물었다. 그는 웃으면서 꽤 장황한 진짜 위로의 말을 했다.

또 무슨 일이 이어질 것인가 기대도 되었는데 그 다음은 없었던 일처럼 잠잠해졌다.

요즘 신문을 보면 음습한 말들이 광란하고 있다. 음모, 음해, 왜곡, 날조 또는 무슨 게이트, 비리, 부정, 사기, 강도, 살인 등등. 그런데도 한편으로 수출도 내수도 활발해지고 국가 신용평가도가 상승되고 있다니 알다가도 모를 일이다.

나도 이런 말들의 배면에 엉킨 무수한 '어처구니없는 일'을 여러모로 상상하면서 피식 웃곤 한다. 다 우리 자신이 풀어야 할 일들이지만 구레나룻의 고발방식과 이에 대응하는 관계당국의 자세 등이 묘하게 뒤엉켜 그저 아리송하게만 느껴진다.

어찌 보면 이 답답한 '어처구니없는 일' 같은 게 그 짙고 옅음의 차이는 있을망정 결국 이러구러 함께 살아야 할 무슨 운명 같은 것이 아닌가 싶기도 하다.

(2002)

그 집 앞

중형트럭이 하나 그 집 앞에 바싹 붙여져 있었다. 적재상자까지 갖춘 제법 쓸 만한 중고中古였다. 잠시 머물다 가는 것이려니 했는데 지나다 보면 늘 그 자리에 그대로 있었다. 그 집 주인이 무엇인가 해보려고 덥석 사 둔 것 같기도 했다.

이른 아침, 그 집 앞길은 양편이 다 긴 주차장이다. 더러 '이 빠진 자리'처럼 빈곳이 있지만 그곳은 거의 차고가 있는 집 앞이다. 차나 차고도 없이 땟물 범벅인 담 벽을 덩그러니 드러낸 집은 그 집뿐이다. 거기 트럭이 세워졌으니….

그 집은 '새마을운동' 때 지어진, 당시로선 문화주택이었다. 아파트 숲에 밀려 이젠 오두막 단지團地의 누옥이 된 지 오래지만. 어느 건축가가 그런 집들을 '모여 사는 동네가 아니라 붙어 살 뿐인 군도群島'라고 했다. 그 집을 보면 그런 생각이 저절로 난다.

이웃에 대한 방어망이 철저하다. 현관문은 언제부터인가 대문과 똑같은 철제로 바뀌었고 창틀에는 견고한 철책이 방범의 눈망울을 부릅뜨고 있다. 돌담길을 끼고돌며 옹기종기 살고 있는 시골 동네에선 상상할 수도 없는 섬뜩한 분위기다. 그런 형편에 그 집 앞에 트럭이 놓여 있어, 모든 게 잘 풀렸으면 했는데 어찌된 일인지 그 트럭은 레커가 와서 끌어갔다는 것이다. 저런!

그 집 앞은 그 전 모습으로 다시 돌아갔다. 길과 담 사이를 구획區劃하는 콘크리트 경계석들이 모서리가 부서져 잔돌처럼 흩어져 있고, 경계석과 담 사이를 계단처럼 마무리한 가양에도 잡동사니들이 널브러져 있었다.

그건 소나기라도 한바탕 쏟아져야 말끔해졌다. 그렇고 나면 그에 대한 보답이라도 하듯 옅고 짙은 초록 빛깔들이 길과 경계석 사이를, 경계석과 담 사이를 길게 뻗어났다. 옆으로 퍼지는 놈, 껑충 치솟은 놈, 중간쯤 어정쩡한 놈들이 멋대로 뿌리를 내리며 하늘을 우러렀다.

이웃집들은 이를 '잡초'라는 명분으로 인정사정없이 뽑아 내던졌지만 그 집 주인은 한눈도 까닥하지 않았다. 보호하는 건지 무심한 건지 아니면 게으른 탓인지, 어찌 보면 대단한 '자연주의자'의 의젓함 같기도 했다.

그 집 앞에 어느 날, 다시 차가 하나 나타났다. 눈부시게 흰 '코란도'였다. 자연스럽게 잠시 머물다 가곤 하는 것 같았다. 누군가가 특별히 양해를 얻어 단골 주차장으로 사용하고 있는 듯이 보였다.

어느 공휴일 아침, 그 집 앞을 보니 그 차가 그대로 서 있었다. 응? 꺄우뚱하는 사이, 한 남자가 양동이를 들고 나와 차를 닦기 시작했다. 그 집 주인이 분명했다. 바야흐로 매듭이 잘 풀린 것인가 싶었다.

차를 굴리는 사람은 그 집 아들. 그는 좀처럼 얼굴을 내미는 일이 없었다. 퇴근을 해도 차를 세우고 나면, 출근해서 사무실에 들어가듯 곧바로 방에 들어가고, 도통 나올 줄을 몰랐다.

기다렸다는 듯이 나타난 사람은 바로 그의 아버지. 햇살이 뉘엿뉘엿 기울었을 때도 성과를 올려야 하는 아르바이트생처럼 지체 없이 차를 닦기 시작했다. 아들의 퇴근이 사뭇 늦어지면 그만큼 새벽 시간을 앞당겨 어김없이 '또 하나의 여명黎明'을 만들어 놓곤 했다.

코란도는 목욕하고 나온 사람처럼 늘 산뜻했다. 게으름뱅이 표증 같은 그 집 앞이나 마당과는 매우 대조적이었다. '고목에 핀 꽃' 같다고나 할까. 어떻든 그 집은, 그 집이 '문화주택'으로 빛나게 세워질 때 퇴거대상이었던 '초가집' 신세로 전락되고 그 빛은 오로지 코란도가 차지한 꼴이 되었다.

코란도가 쉴 자리는 앞뒤로 헌 타이어가 놓여 경계境界를 짓고 그야말로 경계警戒를 하기 시작했다. 그러나 과감히 이를 밀어제치고 끼어드는 '무뢰배'가 심심치 않았다. 그게 그 집 주인과 맞닥트렸을 땐 동네 싸움이라도 벌어진 것처럼 왁자지껄했다. 기민하게 보완책이 나타났다. 타이어 안쪽 빈곳에 묵직한 경석덩이가 끼워진 것이다. 그 집 창틀에 설치된 '철책'의 발상이 번개

처럼 스쳐갔다

크게 또 한번 소동이 벌어졌다. '쿵쾅' 벼락 치는 대문 소리, 악쓰는 외마디소리, 으르렁거리는 소리…. 눈이 똥그레진 이웃들이 하나둘 모여들었다. 알고 보니, 한 젊은이가 주차하려고 후진을 하다가 그 경석에 범퍼를 깬 것이다. 섣불리 누가 끼어들기도 어려운 막말들이 삿대질과 함께 거품을 튀겼다. 젊은이는 '공로公路를 차단해 피해를 준 그 얌체를 고발하겠다'고 팔을 걷었고, 그 집 주인은 '운전 잘못을 어디다 떠넘기느냐며 공밥 먹게 되면 더 좋다'고 악을 써댔다.

무슨 까닭인지 그 후에도 그 집 앞 코란도는 더욱 윤이 나고 모서리 선 경석도 변함없었다. 무서리가 내리자 앞뒤 차창엔 보루상자로 만든 도톰한 덮개가 씌워졌다. 알맞게 끈을 달아 도어 손잡이, 백미러, 타이어 휠 등에 팽팽하게 묶은 그 방빙防氷의 솜씨랄까, 의장이 매우 기발했다.

소담하게 눈이 쌓인 어느 아침, 기이한 현상을 보게 되었다. 차에 쌓인 눈이야 으레 그러려니 할 수 있지만 길까지 꽤 길게 쓸어져 있었다. 전에 보지 못했던 일이어서 우선 반가웠다. 그러나 그것은 이웃집 대문도 아랑곳하지 않은, 코란도 나갈 길만을 멋대로 빠끔히 틔운 희한한 빗질이었다. 즉각 "잘난 차 하나 있나 봐." 하는 이웃들의 빈축과 시비가 눈보라쳤다.

일련의 그런 일들을 어떻게 보아야 할까? 단순한 이기利己라 하랴, 기행奇行이라 하랴. 나는 이따금 그 집 앞의 추이가 궁금해지기도 한다. 그 집 주인 말대로 그 집이 아니, 그 동네가 헐리고,

왕년의 '문화주택'과는 비교도 되지 않는, 횡재의 계기도 될 수 있는, 환상적인 고층아파트가 들어설 것인지? 만일 들어선다면 그들이 차지할 수 있는 공간과 코란도는 과연 어디에 어떻게 배치되고 관리될지, 그것은 또 무슨 의미가 있는 것인지…. '철옹성 군도群島' 속의 그 절절한 '고도孤島'에서 말이다.

(2005)

통일이 되는 날의 상상

나는 두고 온 산하를 몽매에도 그리워하는 실향민이 아니다. 그런데도 이따금 TV를 통해 그들의 망향제 행사 같은 것을 보게 되면 저절로 눈물이 흐른다. 북녘에도 비슷한 행사들이 이어지고 있는지는 알 수 없지만 반세기를 넘어서는 그 회향의 정들이 쌓이고 쌓이면 분단의 장벽이 흔들릴 수 있을까. 또 나 같은 사람들의 그 동정의 눈물이 보태고 보태지면 통일에의 여명이 동틀 수 있을까.

ㅈ은 하루아침에 고아가 되었다. 이른바 '여수순천 반란사건'이라고 하는 소용돌이 속에서다. 그 사건은 당시 여수에 주둔하고 있던 국방군(국군) 제14연대의 일부 좌경 군인들이 일으킨 반란이었다. 그들은 잠시 여수, 순천 지역을 강점하기도 했으나 곧

지리산으로 퇴각했다. 지리산 둘레의 한 고장인, ㅈ이 사는 동네도 그래서 한동안 편할 날이 없었다. 삼엄한 계엄령이 내내 칼바람을 휘둘렀다. ㅈ의 아버지와 어머니는 함께 계엄사령부에 붙들려 갔다. ㅈ의 아버지는 일제 강점기에도 종종 감방을 드나들었기 때문에 ㅈ은 또 쥐 죽은 듯이 기다려야 할 무슨 일이 생겼나보다 하고 생각했다. 그런데 어머니까지도 끝내 돌아오지 않았다. 그는 넋을 잃고 말았다. 그때 ㅈ은 중1의 철부지였다.

내가 ㅈ을 만난 건 동네 친구 ㄱ의 집에서다. ㄱ의 어머니의 호의로 당분간 그곳에 묵는다고 했다. 그때 ㅈ은 고등학교 진학을 걱정하고 있었다. 그 동안의 절망, 두려움, 분통, 외로움, 불안, 배고픔 등등이 얼마나 사무쳤을까만 그런 구석은 전혀 보이지 않은 밝은 인상이었다.

ㅈ은 어머니나 아버지의 얘길 좀처럼 꺼내지 않았다. 시국에 관한 얘기도 입정에 올리지 않았다. 축구나 탁구 이야기, 멋이나 유행 이야기 아니면 벼락부자 이야기 같은 것을 즐겼다. 그 후 그는 자원해서 군에 입대했고 제대하고는 거기서 익힌 운전기술로 미군부대 전속 운전기사가 되었다. 부지런히 뛰고 벌고 아끼고 저축했다. 그리고 결혼했다. 결혼 전에 그는 내게 이런 얘기를 했다.

"양색시 중에도 천사가 있어. 전쟁 통에 어쩌다 그런 신세가 되었지만 나는 정말 그렇게 바르고 심성 곱고 참한 여자를 주변에서 본 일이 없어. 우리 아버지를 생각하지 않는다면 청혼도 할 수 있을 것 같았어."

나는 반사적으로 고개를 끄덕이며 "그렇지, 그럴 수 있을 거야. 그래, 그래…." 하면서 그의 가슴에 새겨진 아버지에 대한 무게를 뿌듯하게 느꼈다.

ㅈ은 일본을 다녀왔다. 출가한 누나가 거기 있고 또 장인 되는 분이 광복 후 나오지 못한 채 그 곳에 눌러앉아 있었기 때문이다. 여권이 발부되지 않아 그는 정보 분실을 찾아가 호소했다. 자신이 대한민국을 위해서 잘못한 일이 무엇인가를 묻고, 돈 좀 얻어와서 자식들만은 공부 좀 시키고 싶다고 직설적으로 졸라댔다. 몇 가지 조건이 붙여졌지만 그래도 그 소망이 그런대로 순조롭게 풀려서 ㅈ은 마침내 '사장'이 되었다.

지금, ㅈ은 평안한 노년을 맞고 있다. 두 아들이 뜻대로 학교 교육을 마치고 벤처기업의 대표가 되어 있다. 빌딩도 두어 채 가지고 있다. 그런 ㅈ의 통일에 관한 생각이 문득 궁금해질 때가 있다.

ㅎ의 죽음은 온 동네를 어리둥절하게 했다. 장대한 기골에 나직하면서도 우렁찬 목소리로 항상 주변을 압도했던 그는 동네의 대표적인 젊은이였다. 바른말 잘하기로도 유명했다. 그는 해방정국에 좌익 편에 섰다. 그러나 정부수립과 함께 좌익이 지하로 스며들면서 그는 오히려 투사의 면모를 드러냈다. 경찰서 유치장을 심심찮게 드나들었다. 밤사이에 삐라가 뿌려져서 더덕더덕한 아침이 새면 사람들은 누구나 할 것 없이 그것을 대통인 ㅎ의 짓이라고 여겼다. 이따금 초저녁 무렵이면 고을을 빙 두르고 있는

산줄기에 봉화가 순차적으로 켜지는 이른바 '봉화투쟁'이 있었다. 그것도 모두 그가 짰을 것이라고들 했다. 그런 ㅎ이 어처구니 없게도 자기 편의 총탄에 죽임을 당한 것이다.

6·25 전쟁이 터져서 인민군이 물밀듯이 남하했을 때, ㅎ은 분연히 일어나 '좋은 세상이 왔다'고, '통일조국이 건설된다'고 목청을 높였다. 그리고 자기야말로 '교산도노 가다마리(共産黨의 진짜 덩어리)'라고 일본말로 외쳐댔다. 인민군의 긴 밤 행군이 지나갔다. 뒤이어 유격대라는 사복부대가 잠시 동네에 머문 일이 있었다. 그들은 ㅎ을 붙들어 '조직의 배신자는 죽어야 한다'고 일갈하고 그를 동구 밖 냇가 버드나무 아래에 세웠다. ㅎ은 '교산도노 가다마리'답게 '인민공화국 만세'를 외치면서 그 총탄을 안았다. ㅎ의 배신행위란 정부수립 후 이른바 '보도연맹'에 가입한 사실을 지칭한 것이었다.

ㅎ의 부인이나 자식들에 관한 뒷이야기를 나는 들은 바 없다. 그러나 그들은 과연 이 시점에 통일문제를 어떻게 생각하고 있는지 역시 궁금하다.

통일이 되는 날의 상상이 왜 하필이면 기쁨에 앞서 걱정으로 치닫는지 알 수 없다. 나만의 유별난 옹졸인지….

8·15 해방 후, 나는 걸핏하면 조선말 쓴다고 종아리를 때리던 일본 선생님이 하룻밤 사이에 조선 사람으로 둔갑하여 '자주독립'을 외치는 것을 보았다. 의식행사 때마다 애국가의 후렴이 '대한 사람 대한으로'와 '조선 사람 조선으로' 나뉘어 불리는 소리를

들었다. 이내 대한 사람은 대한민국으로, 조선 사람은 조선민주주의 인민공화국으로 남과 북에 각기 정부를 세웠다. 동족상잔의 6·25전쟁이 일어나 이 땅은 포연 속에 묻혔다. 휴전, 그리고 반세기를 서로 '괴뢰'라고 외치며 헐뜯고 미워했다. 수많은 실향민, ㅈ과 ㅎ, 그 밖에 그와 유사한 엄청난 사연의 사람들이 얽히고설킨 가운데 남과 북은 서로 자기 이데올로기만을 가르치고 강요했다.

그렇게 길들여진 서정과 생각이, 그 이질적 요소들이 어떻게 융화될 수 있을까. 국민정부의 대북 햇볕정책으로 남북 화해의 물꼬가 트인 오늘, 솔직히 나는 뭐라 말할 수 없는 불안감 같은 것을 지울 수가 없다. 그 동안에 입력된 고정관념이라 할까, 분단의 앙금 같은 것들이 그렇게 씻어지지 않은 탓일 게다. 격랑의 반세기를 살아오면서 그 중심에 있지 않았던 내가 그럴 때 그 중심에 있었던 사람들이야 말해 무엇하랴.

통일이 되는 날, 나는 무엇보다도 이를 저해하는 저간의 그 이데올로기와 미워하고 믿지 못하는 감정의 부스러기들을 말끔히 씻는, 그 설거지 걱정에 동참할 것으로 상상된다.

(2000)

어처구니

우편함 덮개가 살짝 들려 있을 땐 늘 반갑다. 편지든 소포든 친구의 손결처럼 훈훈하다. 더러 가랑잎처럼 속절없이 간 부음도 있고, 계속 봉공하겠다고 활동상황을 호화롭게 엮은 의원님들의 보고서나 화보 같은 것도 있지만, 그 또한 고마운 소식들임에 틀림없다. 개운치 않은 전언들도 전혀 없었던 건 아니다.

연전에, 나는 좀 갸우뚱해지는 통지문을 하나 받은 일이 있었다. 문우들의 작품집 출간, 출판기념회, 그 밖의 동정들을 알리는 동인 모임의 발신이다. 말미에 '홈페이지 게재를 준비하며 기록을 재정비 보관코자 하는 의미'에서 '일괄적으로 다시 입회원서를 받기로 하였다'는 사연이 있었다. 입회용지도 물론 동봉되어 있었다. 동호인들의 작은 모임에까지 홈페이지의 개설이 확산일로구나, 키만 누르면 필요한 것들을 필요한 때에 얼마든지 볼 수 있는, 그야말로 열린사회를 구가하게 되는구나.

입회원서에는 저마다의 인적 사항과 간단한 현황을 기록하게 되어 있다. 별것 아니라면 아닐 수도 있다. 그러나 동인 모임이 무슨 신병身柄관리 기구가 아닌 바엔 잘 가다 말고 새삼 입회원서라니….

그 문제는 사실, 오래 전에도 논의된 바가 있었다. 당시 결론은 '노'였다. 정해진 사무실도 보관함도 없는 형편에 긴요하지도 않은 서류뭉치를 보따리에 꿍쳐서, 보장된 유급직도 아닌 총무가 왜 구차하게 안고 다녀야 하느냐는 반론이 제기됐다. 총무가 바뀔 때마다 그 보따리가 계주선수의 바통처럼 그 사람 손에서 저 사람의 손으로 전전해야 하니, 만일 어느 총무가 그 바통을 떨어트리기라도 한다면 그 책임을 어떻게 물을 것인가. 귀하신 작가님들의 신병이 그렇게 아무렇게나 취급돼도 되느냐고 하는 게 그 주지主旨였다. 거기 모인 사람들은 결국 그 말에 다 동감하고, 모든 회원들이 주소나 전화번호가 바뀌게 될 땐, 즉각 이를 총무에게 알리는 것으로 모임을 원만하게 운영하자고 한 바 있었다.

이젠 그때와는 아주 다른 세상이 되었다. 현실의 사안이 가상공간으로 끊임없이 이입되면서 묻혀졌던 여러 사항들이 날로 불거지고 있다. 그런 정황 속에 더욱 신경을 써야 할 문우들의 신병을 비록 동인들 사이라 할지라도 본인들의 동의 없이 홈페이지라는 어정쩡한 틀 속에 공개해도 될 일인지. 그것이 문필활동에 어떤 도움이 되는 것인지?

현역시절에 나는 비슷한 사례를 겪은 바 있었다. 당시 나는 학원 사무를 맡고 있었다.

"아니, 이런 '어처구니'가 있어요. 정말 이건 어처구니나 할 수 있는 일이지, 보통 사람은 상상도 못할 일입니다. 제가 연합회 부회장을 지낸 지가 한 옛날인데, 신임 회장이 왕년의 부회장더러 회원 자격 운운하면서 다시 가입을 하라니, 참 기막혀서…."

어느 날, 한 학원장이 헐레벌떡 청廳으로 달려와 불쑥 쏘아붙인 말이다. 나는 웃음부터 나왔다. '어처구니없다'느니 '어처구니없이'라느니 하는 말은 자주 들어왔지만 '어처구니'를 몸통말로 그렇게 쓰는 경우를 처음 듣게 되어서다. 어떻든 사연을 듣고 보니 꽤 맹랑한 일이었다. 학원연합회 새 회장이 자기가 처음 소집했던 회의에 불참한 학원장들은 이미 회원 자격이 상실되었으므로 나오고 싶거든 다시 입회해야 한다고 했다는 것이다. 그는 거듭 '이런 어처구니가 있느냐'며, 당장 이를 중단시켜달라고 했다.

나는 학원연합회는 학원장들이 필요해서 만든 조직인데, 거기서 하는 일을 청廳에서 이러쿵저러쿵 할 계제가 아님을 밝히고, 해당 학원장들이 협의해보면 좋은 방법이 나오지 않겠느냐고 말했다. 그 회장, 참 대단한 사람이구나. 일사불란한 사람인 모양이지.

생각하면 신묘한 일이다. 아무 연관도 없고 때와 장소도 다른 두 단체가 잘 나가던 도중에 느닷없이 회원들에게 '재입회'를 요구하고 나섰으니, 그 속내가 안개 속처럼 아리송하다면 아리송한 일 아닌가.

입회원서에 적어 넣어야 할 사항 중에서 특히 나이(생년월일), 고향(출생지), 출신교(고교 · 대학) 등을 밝히기 꺼려하는 회원들이 적지 않은 것 같았다, 특히 여류들 중에서. 하긴, 나이 더듬고, 고향 챙기고, 동창 찾는 일들은 한 표票라도 더 모셔야 하는, 당선當選이랄까 피선被選이랄까, 그런 것을 추구하는 사람들에게나 긴요한 사항이니 그럴 법도 한 일이다.

그 동안 회원들은 그 때마다 말만으로 입회하고, 꼬박꼬박 회비도 내고, 회우간의 정리情理도 불편 없이 나누어 왔다. 그러나 새 임원들의 그 의도도 거창하게 말한다면 홈페이지를 통한 동인활동의 새로운 패러다임을 창도唱導 하고자 한 충정이 아니었을까. 그렇다면 더더욱 보따리에 꿍쳐질 빤한 서류뭉치와 홈페이지에 까발려질 개인 정보를 의식했을 것이니 이는 마땅히 신중을 기했어야 옳지 않았을까.

이제, 우편함과 더불어 누렸던 정의情誼도 여러모로 달라지고 있다. 반갑고 고마운 아니, 개운치 않은 사연까지도 거의 그 기민무쌍機敏無雙한 E메일이나 홈페이지로 부지런히 양위讓位되고 있기 때문이다. 젊은이들은 이미 그곳에 모국어를 무슨 약식기호나 암호처럼 멋대로 갈고 닦아 '빨리빨리'를 만방에 펼치고, 그렇게 시를 응축하고 평론을 휘갈기는 거창한 폭포를 쏟고 있다. 그들은 대문 밖 우편함은 잊은 지 오래다.

저녁놀인지 아침놀인지 얼른 가늠되지 않는 그 장엄한 변환! 컴퓨터야말로 그 학원장의 표현대로 정말 '어처구니'가 아닌가! 사람이 만들어서 사람이 먹히고 있는 또 하나의 위대한 부조리다.

조촐한 동인 모임의 그 같은 추스름도 어쩌면 이 '어처구니'의 일환이라고 해야 할까.

(2004)

편지

존경하는 심제心齊 선생님!

오랜만에 펜을 듭니다.

정겨운 서한을 받고 감회가 뿌듯합니다. 노경의 불편을 어린 아이 다독이듯 어르면서 지내신다는 말씀, 많은 생각을 하게 합니다. 내외분의 그런 담담한 일상이 순조롭기를 기원합니다.

'명석明晳하고 논리적이 아닌 것은 프랑스적인 것이 아니다.' 학생 때 읽은 풍월입니다. 처음 그 문절을 대했을 때, 전 잘 알지도 못하면서 가슴이 찡했습니다. 오랫동안 선생님을 가까이 모시면서 선생님이야말로 '명석하고 논리적'인 분이란 생각을 새록새록 했습니다. 그래서 제 머리엔 명석하고 논리적이 아닌 것은 심제 선생적인 것이 아니란 의식이 입력되어 있습니다.

A4용지 아홉 장을 헤아리는 긴 하서下書, 그것은 저에 대한 선생님의 사랑의 깊이이기도 해서 황감합니다만 시각을 달리하면 그 사연의 명석 속에 깃든 유머가, 논리 속에 도사린 간결이 정말 흐르는 물 같습니다. 내용에 앞서 문장 자체가 막힘이 없습니다. 선생님은 글을 쓰셨어야 하는데….

지가후지(혹은 긴도) 마고도近藤 誠 같은 분이 히포크라테스 정신을 구현하는 의사랄까, 그런 기인奇人이 아닐까요. 게이오慶應대학 의학부 유방암 전문專門의, 만년강사라니 과연 평정을 깨는 기질이 있네요. 사실, 오진이나 실수는 접고 본다 하더라도 의료현장에서 꺄우뚱거려지는 과잉 진찰이나 치료가 의사라는 권위 속에 얼마나 많이 묻히고 있습니까. 그런 현상의 견고한 기득권을 분연히 흔들어대는 의료인으로서의 그 양식良識이 매우 돋보입니다.

'암세포 1개의 크기는 대략 0.01mm, 그러므로 0.1mm 크기의 암세포 개수는 약 1,000개, 1cm 정도로 자란다면 약 10억 개의 세포로 추산이 되는데, 전이가 가장 활발한 시기는 0.1mm일 때이고, 이게 내시경에 잡힐 때의 크기는 2mm가 그 한계라고 연구데이터를 내놓는 마고도 씨. 그렇다면 그의 '암 조기발견의 무의미성'은 자명한 것 아닙니까. 생명을 앗아가는 진성 암과 그렇지 않는 유사 암을 확실히 가리지 못하는 것을 기화로 오히려 당찮은 욕심을 챙기게 된 것인지도 모르겠네요. 어떻든 그의 그런 발표로 일본의 암 의료계가 발칵 뒤집어졌다니 당연한 일이겠습니다. 더구나 그는 그 논문의 결언에서 '암을 극복하려는 생각보다 암과 공생하면서 사는 지혜를 가져야 한다는 철학적인 테제'를 내세웠다니 그 거시적 안목이 놀랍습니다.

제 고종도 작년에 위암으로 갔습니다. 빈소에서 쏟아지는 눈물을 어쩌지 못했습니다. 언젠가 만났을 때, 그는 마치 남의 얘기하듯 "저 위암이래요. 사방으로 퍼져서 손도 못 댄대요." 하고 태연히 웃었습니다. 워낙 낙천적인 성격이어서 그렇게 말했겠지만 막상 빈소에 들어서고 보니 그 동안의 외로움이 얼마나 처절했을까 하는 심사가 복받쳤습니다. 그때 제가 '공생의 지혜'를 얘기해 줄 수 있었다면 그래도 좀 도움이 되지 않았을까 하는 생각이 듭니다.

오래 전, 선생님이 전립선 수술을 받으신 후의 일입니다. 제가 쾌차하시냐고 문안했더니, "100%는 아니죠. 아무래도 랑데부해야지요." 하고 빙긋 웃었습니다. 질환과의 랑데부라? 랑데부라면 연인들끼리의 감밀한 만남 정도로 이해하고 있었던 저로서는 그런 말의 원용이 매우 낯설게 느껴졌습니다. 그러나 이내 '아, 이거야말로 선생님의 그 명석성의 일단이 아닌가.' 하는 감탄을 외게 되었습니다.

이제 마고도 씨의 테제인 '암과 공생하는 지혜'를 선생님 식으로 '암과 랑데부하는 정감'이라고 바꾸어 보면 그 뉘앙스가 얼마나 다른가요. 머리로 판단하는 치료와 정감으로 동행하는 치유의 질량이, 과연 어떻게 다를까 여러모로 생각하게 됩니다.

종합 검진 때, 의사에게 대장 안에 있는 작은 혹 따위는 손등의 검버섯 같은 것이니, 아예 수술은 하지 말라고 당부했다니 그 초연이 매우 부럽습니다. 대부분의 사람들은 연 김에 떼어버리는 게 좋다 하지 않습니까.

불교에서는 기독교와는 달리 하나一를 하나로 주장하지 않고 둘이 아니不二라고 표현한답니다. 하나라 하면 역설적이게도 그 하나에 집착하여 오히려 진리에서 멀어지지만 둘이 아니라고 하면 그런 집착이 없어지고 만물은 연기緣起에 의해서 존재한다는 원리를 깨닫게 된다고 합니다.

그 깊은 뜻은 헤아릴 밑천이 없습니다만 원元군이 말한 '망8望八이 아니라 망9, 망100이 된다 한들 생은 소중하고 엄숙하다.'는 그 철저한 관리론과 선생님의 랑데부론이 좋은 대조가 됩니다. 산다는 건 결국 저마다 택한 의식이랄까 신념이랄까 상황이랄까 그런 것의 총화가 아니겠습니까.

저도 한 20여 일 감기의 사랑을 떨치지 못해 희한한 휴식을 했습니다. 여느 해와 달리 기이하게 귀를 꽉 막아서 밖의 소리를 거의 듣지 못했습니다. 약을 먹으면서 갓난아기처럼 먹고 자고 또 먹고 자곤 했습니다. 차츰 풀리긴 했습니다만 아무래도 많은 탄력을 잃은 것 같습니다. 이순耳順이란 말을 되새기면서 제법 들리는 말만 듣고 조용히 살고자 했는데 들리는 것이 반드시 바르게 들리는 것이 아니었습니다. 들리기는 들리는데 TV의 사건 현장 증언 같은 목소리들이 빈번히 어리둥절하게 합니다. 난청難聽

뿐 아니라 난청亂聽이 아닌가 싶습니다. 선생님의 랑데부론을 새록새록 배우겠습니다.

새봄과 더불어 선생님 내외분을 비롯한 온 집안이 변함없이 건안, 순조롭길 기원합니다.

최병호 올림.

(2005)

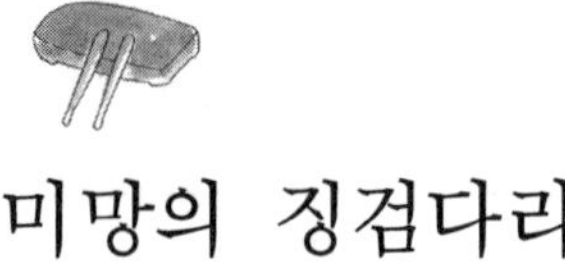

미망의 징검다리

씨줄 날줄의 틀은 놀랍다. 반복되는 낮과 밤에 달과 해의 차례를 매기고 그해를 또한 봄·여름·가을·겨울, 건기·우기, 춘분·하지·추분·동지 등의 절서節序로 구분하여 시·공의 삶을 가지런히 해 주고 있기 때문이다. 해를 백 단위로 묶어 한 세기로 삼고 이를 보내고 맞을 때마다 약진의 계기를 획劃해 주고 있기 때문이다. 우리는 지금 20세기를 보내고 새 세기를 맞는 분수령에 서 있다. 비록 사사롭지만 낸들 어찌 한 오리 정회가 없겠는가.

나의 삶은 20세기 중반의 시·공에 21세기 초반이 더해지는, 두 세기에 걸친 행운의 삶이 될 듯하다. 추상追想 속의 내 실존은 일본에 가시는 할머니를 따르겠다고 엄마 등에서 발버둥쳤던 흐릿한 영상이 그 단초端初다. 나는 태어나면서부터 이미 식민지 백성이었다. 이후, 광복 조국의 한 시민으로서 오늘에 이르기까지

고비마다 엉긴 그 앙금을 다 어떻게 말할 수 있으랴.

인기 없는 교양 과목처럼 한구석에 끼여 있던 '조선어 시간'이 슬그머니 자취를 감춘 바로 그 시기에 나는 초등학생이 되었다. 대동아 전쟁이 일어나면서 공부는 제쳐두고 일만 했다. 운동장은 고구마 밭이 되었고 그 너머 포플러 숲에는 총총히 방공호가 만들어졌다. 공출 물량供出物量을 늘리기 위한 꼼수였던지 농번기의 노력 동원이 철저했다. 그 덕에 나는 낫질을 배웠다. 훈련이 아닌, 실제 상황의 경계경보에 혼쭐이 나면서도 일본은 신의 나라여서 반드시 이긴다는 선생님의 말씀을 철석같이 믿은 나, 스미야헤이고純山炳鎬는 '대동아 공영을 위한 국민 총력의 성전'에 제몫을 다한 소년이었다. 그러나 일본은 패망했다. 내게 떨어진 건 오른손에 익힌 낫질이었다. 나는 취학 직전에 간신히 먹기와 쓰기를 오른손에 익힌 왼손잡이였는데 뜻밖에 낫질 하나가 더 추가된 것이다. 이 무슨 빛나는 유산인가?

해방 조국은 나를 어리둥절하게 했다. 썰물이 됐던 조선어가 밤사이에 밀물로 회귀했다. 일본 사람인 줄 알았던 선생님이 조선 사람으로 둔갑하여 '자주 독립만세'를 소리 높여 외쳐 댔다. 북위 38도선을 경계로 남엔 미군이, 북엔 소련군이 각각 진주했다. 좌·우익이 갈리고 찬·반탁이 맞서고 애국가의 후렴도 '조선 사람 조선으로'와 '대한 사람 대한으로'가 맞붙어 열창되었다. 나는 천지도 모르고 '국대안國大案 반대' 데모에 끼기도 했던 중학생이었다. 마침내 진주군의 빛깔에 알맞은 두 개의 정부가 서울과 평양에 각각 들어섰다.

썰물이 된 좌익이 한창 지하로 스밀 때 여수 14연대 반란사건이 일어났다. 그들이 지리산으로 밀려 저항하는 통에 이 지역 백성들은 밤에는 좌익, 낮에는 우익이 되어야 살 수 있는 참담한 나날을 보냈다. 나는 주에 한두 번은 계엄사령부 운동장에 나가 36방향까지 분산되는 제식훈련制式訓練에 넋과 종아리를 다 바쳤다. 이윽고 지리산이 잔잔해지는가 했는데 뜻밖에 6·25 전쟁이 터졌다. 밀치락달치락하는 바람에 지리산 일대는 또 인민군 빨치산의 항전 무대가 되었다. 밤에는 인민공화국, 낮에는 대한민국이라는 악순환이 처절하게 이어졌다. 마침내 휴전이 되었다. 그러나 휴전선은 38선보다 더 험악한 장벽으로 남북을 가로막고 말았다. 통일은 그만큼 더 어려워진 것이다. 과연 이데올로기가 무엇이란 말인가?

생명을 내거는 무대가 정치계로 보였다. 그렇기 때문에 사내라면 더욱 도전해 볼 만한 가치가 있는 게 아닌가 싶었다. 그러나 내겐 그럴 만한 지혜도 용기도 없었다. 중학교 때부터 걸핏하면 움츠러들었던 골방 책읽기에 그만 안주하고 말았다. 춘원春園, 상허尙虛, 민촌民村 등에 이어 지드, 톨스토이, 로렌스 등을 섭렵했다. 특히 지드를 구라파의 양심이니 지성이니 하고 평하는 말에 턱없이 가슴만 울렁거렸다. ≪좁은 문≫이야말로 그 지성이 조율한 더없는 사랑의 미학이라고 경탄하면서 특별한 순수에나 취한 듯 착각했다. 그런 순수 읽기가 과연 지혜인가 퇴영인가?

작가 지망생은 대학을 중퇴하고 신문기자가 되는 것이 그 정도라고 생각했다. 상허를 비롯한 몇몇 문인들의 경력이 그렇게 가르쳐 준 것이다. 그런데 나는 대학을 중퇴하지 못했고 물론 기자도 되지 못했다. 게다가 "창작이요? 해석도 제대로 못하는 주제에 창작이라니, 그거 아무나 하는 게 아니오." 하는 어느 분의 말씀이 겹쳐 글쓰기는 그쪽의 천재 몫으로 돌리고 나는 조용히 중등교원이 되었다.

민주주의를 위한 반공이 반공을 위한 민주주의 제한으로 그 목적과 수단이 아리송해진 가운데, 한글 전용 · 한자 혼용 또는 병용의 시비가 잦아들지 않은 가운데, 정상 수업보다 보충 수업이, 교과서보다 부교재의 무게가 더해지는 가운데 보통교육은 상급학교 입시가 멱을 쥔 후줄근한 꼴이 되었다. 교원들 사이에도 사계師系니 비사계니 하는 따위, 핵우산 같은 덩치들의 시샘이 기승을 부렸다. 교육정의正義는 누가 어떻게 세워야 할 것인가?

어쩌다 글쓰기 쪽에 발을 들여놓게 되었다. 비재非才를 확인한 지 오래인데 우연히 얻게 된 행운이라면 행운인 셈이다. 나는 일찍이 내 문학 소년에게 졌던 빚을 갚는 심정으로 원고지 한 칸 한 칸을 정성을 다해 메웠다. 각종 문학 행사에도 빠지지 않으려고 노력했다. 뜻밖에 상도 타고 조촐하나마 책도 냈다.

그러나 핵우산 같은 덩치들의 힘겨루기는 여기에도 있었다. 장르별, 출신지出身誌별, 아무개 제자별로 나뉘는 자긍심들이 대단했다. 그야 높을수록 가편加鞭이 될 터이지만 어쩐지 씁쓸한 심정을 저버릴 수 없었다. 그렇게 선을 긋고 담을 쌓아 무엇을 어떻게 열자는 것인가?

텍스트 중심의 강의실 교육에 대해서 갸우뚱하는 사람들이 있다. 비록 그것이 객관적이고 과학적이라 할지라도 그 배면 깊숙이 결부된 어떤 지배적 정치권력을 간과할 수 없기 때문이라 한다. 그리하여 교수의 교수 행위란 결국 그 공인된 권위로 특유의 사투리를 높은 교단에서 단하의 낮은 학생에게 내려 보내는, 바로 그 지배 권력의 재생 외에 다름아니라는 것이다. 자유로운 사고를 가르치는 것이 아니라 역사적 유물을 안내하고 있다는 것이다. 철학은 이렇듯 어떤 사상이나 제도 속에 숨겨진 목적이나 교류 체계를 철저히 풀고 따져서 판을 다시 짜야 한다는 주장이다. 이는 과연 21세기의 한 비전이 될까.

자연과학이 씨줄 날줄로 짠 시 · 공의 틀에 기타의 과학들은 저마다의 영역에서 높고 낮은, 넓고 좁은 다채로운 지도들을 그려 왔다. 그 파워 게임의 부침은 그대로 시 · 공을 좁히고 넓히는 변혁의 요인이었다. '지구촌'이란 말이 자연스럽게 회자되지 않았던가. 21세기는 더욱 열리고 투명해진 탄탄대로였으면 싶다.

나의 20세기여. 미망의 징검다리여. 아듀!

(1999)

꿈결 같은

2002 한일월드컵!

6월의 그 바람은 희한했다. 비 갠 후, 계곡을 내리쏟는 바람더미 같은 청량한 기운이 삽시간에 이 땅을 휩쓸었다.

누가 시킨 것도 아닌데 '붉은 악마'임을 자처한 젊은이들이 너도나도 축구장 안팎에 운집하여 응원의 물결을 드높였다. '태극전사들'은 우리가 최소한 바랐던 1승도 아니고, 목표했던 16강도 아닌, 8강의 기적을 낳고 4강의 신화를 창조했다. 세계는 물론 우리 자신들도 눈이 휘둥그레졌다.

해방 후의 혼란과 분단의 아픔을 겪은 사람들은 붉은 색이 어떤 빛깔인지 잘 안다. 오죽하면 초등학교 운동회의 '홍군紅軍, 백군白軍'이 슬그머니 '청군靑軍, 백군白軍'으로 바뀌어졌을까. 이 땅에서 무릇 붉은 색은 이데올로기화한 '빨갱이'였다. 그 시대를 산 사람들은 아무리 세상이 달라졌다 해도 선뜻 그 빛깔을 걸치고 나서진 못했다.

그러나 젊은이들은 붉은 티셔츠에 플래카드처럼 'Be The Reds'를 써넣고 당당했다. 악마답게 수지부모受之父母한 신체발부身體髮膚를 그림판으로 만들었다. 태극기도 그려 넣고 축구공도 그려 넣었다. 머리에 울긋불긋 물도 들였다. 우러르던 국기를 머리엔 듯 몸엔 듯 두르고 체온을 나누었다. 그리하여 마침내 붉은 색에 씌운 이데올로기를 제거하고 오랫동안 굳어진 혈관에 새 피를 돌렸다.

'대~한민국, 짝짝짝 짝짝! 오~필승 코리아!'

이 땅의 6월은 그 함성의 물결이었다. 특히 우리 팀의 경기가 있는 날은 그 실황이 장 밖으로 크게 확산되었다. 서울 시청, 부산 광안리, 광주 금남로 등 대도시 곳곳엔 거대한 스크린이 세워지고 그 앞에 모인 붉은 악마들은 대한민국을 힘차게 연호했다. 직장이나 가정, 하다못해 기치역이나 고속버스터미널 같은 데서도 TV 앞에서 긴장과 환호의 박수가 떠날 줄을 몰랐다. 지구촌 곳곳에 흩어져 사는 교포들도 그들대로 그곳의 크고 작은 스크린 앞에서 조국과 하나 되는 벅찬 감동을 만끽했다.

'오~필승 코리아! 대~한민국, 짝짝짝 짝짝!'

외국인들은 '한국'은 알아도 '대한민국'은 거의 모르고 있다 한다. '서울'은 기억해도 한국이나 대한민국이라면 까우뚱하는 사람들이 많다고 한다. 사실은 우리들 자신도 대한민국이란 말은 별로 쓰지 않은 채 지나온 것 같다. 더러 쓴다 해도 무슨 일이 잘 안 풀리거나 불만스러울 때 자조적인 심정에서 불쑥불쑥 썼던 게 아닌가 싶다. '대한민국'이니까' '대한민국 아닌가' 하는 식으로. 어쩌면 그것은 조선조 5백년의 마지막 10여 년을 누렸던 '대한제국'의 무력한 이미지가 무의식 속에 그대로 이어지고 있었기 때문인지 모른다.

어떻든 이러한 '대한민국'을 붉은 악마들이 선수단을 향해서, 국민들을 향해서 아니, 세계를 향해서 목이 터져라 외치고, 손바닥이 찢어져라 두들기고, 몸이 으스러져라 흔들어댔다. 그리하여 선수들에겐 빛나는 승리를, 국민들에겐 굳건한 자신감을, 세계엔 영명(英名)을 드날렸다.

1954년 스위스월드컵 이후, 우리는 근 반세기에 걸쳐 다섯 번을 출전하였으나 한 번도 이긴 일이 없었다. '참가에 의미를 둘 수밖에 없다.'는 말이 자연스럽게 회자되었다. 그러나 이번에는 입장이 달랐다. 개최국으로서 그럴 수는 없었기 때문이다.

우리 23명 태극전사들은 거스 히딩크 감독의 '세계를 놀라게 할 수 있을 것'이란 말 그대로 엄청난 팀이 되어 있었다. D조에 속한 우리는 조별 리그의 첫 상대로 폴란드를 맞아 4일 부산구장에서 2 : 0의 역사적인 승리를 거두었다. 황선홍의 발리슛 첫 골은 이 땅을 흔드는 충분한 기폭제가 되었다. 이어서 미국을 1 : 1로, 포르투갈을 1 : 0으로 제압, 조 1위로 당당히 16강에 올랐다.

18일 대전구장. 이탈리아와의 16강전은 시작하자마자 얻은 행운의 페널티킥을 실축, 불안한 출발이 되었다. 선제골을 내준 채 패색이 짙어진 종료 2분 전, 설기현의 천금 같은 동점골이 네트에 꽂혔다. 그 감격의 충천이야…. 연장전 후반, 안정환이 마치 그 실축에 대한 앙갚음처럼 절묘한 헤딩으로 골든 골을 날렸다. 2 : 1 역전승! 아! 기적이란 바로 이런 걸 두고 하는 말이었다.

22일, 스페인과의 8강전은 광주구장에서 열렸다. 태극전사들은 피곤의 기색이 완연했다. 그러나 혼신을 다해 연장전까지 밀어붙였다. 끝내 0 : 0의 균형이 깨지지 않았다. 결국 승부차기. 골키퍼 이운재의 선방과 홍명보의 마무리 슛이 민주항쟁의 성지를 빛내는 투혼으로 집약되면서 마침내 4강의 신화를 창조하게 되었다. 길거리 응원에 나섰던 전국 주요도시 7백만의 붉은 인파가 일제히 일어나 대한민국을 하늘 높이 외쳤다.

120분의 연장전을 거듭 뛰었던 우리 선수들은 사실 지칠 대로 지쳐 있었다. 25일 서울에서 치른 독일과의 4강전, 29일 대구에서 겨룬 터키와의 3, 4위전은 그래서 1 : 0, 2 : 1로 각각 패했지만 최선을 다한 경기였다. 우리는 모두 일어나 그 눈부신 투혼에 다함없는 찬탄과 위로의 박수를 보냈다.

세상만사 행운이라는 게 있는 것 같다. 우리가 거스 히딩크 같은 탁월한 감독을 맞았던 것은 바로 그 행운이 아니었던가. 그는 선수의 발탁에서부터 강훈, 경기경영에 이르기까지 우리의 이른바 '빨리빨리'와 '쏠림기질'을 교묘하게 타면서 '힘의 축구, 즐김의 축구'를 구축, 대승을 안겨주었기 때문이다.

감독으로서도 그의 강도 높은 프로그램을 우리 선수들이 끝내 수용할 수 있는 육체적 정신적 탄력을 지니고 있었다는 점에서, 무명에서 불쑥 뽑힌 상당 선수들이 '죽기 아니면 까무러치기'로 그의 의도를 앞장 서 익혔다는 점에서, 나아가 온 국민이 그를 신뢰하고 열광적인 성원을 보냈다는 점에서 더없는 행운을 누린 것이라 할 것이다.

어떻든 감독, 선수, 국민의 3박자 호응은 우리 6월의 신화를 창조했다. 그 경영, 그 영광을 모든 영역에서 거울삼자는 메아리가 삽시간에 이 땅을 휘돌고 있다. 꿈결 같은… 그렇다, 그것은 꿈결 같은 문화혁명이었다.

(2002)

5 · 팽 · 낭 · 거 · 리

껄쩍지근해서

전주를 다녀왔다. 그곳 관광호텔에서 신곡문학상 및 수비문학상 시상식이 있어서다. 눈 덮인 차가운 날씨였다. 역사를 나와 광장을 가로지르는, 그 잠깐 사이에 뺨이 얼얼해졌다.

택시를 탔다. 운전이 능숙했다. 음달 쪽 빙판길을 흔들림 없이 타고 넘었다. 어떤 교회 앞에서다. 느닷없이 기사가 그 교회의 철책 담을 어떻게 생각하느냐고 물었다. 본의를 몰라 잠시 미적미적하는데, 재빨리 '제대로 된 것이냐.'고 부연했다. 나는 웃으면서 철책은 시계가 트여 산뜻한데, 대문은 왜 어울리지 않게 철판으로 막아버렸는지 알 수 없다고 했다. 그는 자기도 전적으로 그렇게 생각한다며 반가워했다.

그는 전주의 모든 길이 자기의 논밭이라 했다. 그 논밭을 누비면서 잘못된 것이 발견되면 '껄쩍지근해서' 잠이 안 온다고 했다.

그래서 그런 것만 보면 직접 또는 간접으로 요로에 열심히 그 개선을 요구하고 있다는 것이다. 그리하여 개선된 것이 몇 가지나 된다며 외어댔다. 신호체계가 잘못된 곳, U턴 설치가 엉뚱한 곳, 대로 가운데의 화단 제거 등등. 그는 독특한 억양으로 '껄쩍지근해서' 라는 말을 빈번하게 쓰는 구수한 친구였다.

수상식은 짜임새 있게 잘 진행되었다. 식후 친교시간도 흐뭇했다. 나는 몇몇 문우들과 쾌음快飮의 정을 나누면서 상을 제정하고 운영하는 주최 측 몇 분을 생각했다. 그 분들은 여러모로 치열하게 사는 분들이다. 일찍이 사업의 번창에 취하고 술의 선경에 취했던 분들이다. 마침내 문학에 취해서 아름다움을 입상하며 그 같은 행사를 해마다 잇고 있다.

어쩌면 그 분들도 기사처럼 굽이굽이 앞을 가로막는 것들이 '껄쩍지근해서' 고치고 바꾸고 다시 시작하는 시련을 무수히 반복했을 것이다. 그것은 바로 그 분들이 가꾸어야 할 논밭이었으니까.

문득 그 기사를 찾아 술 한잔 나누었으면 싶었다.

'껄쩍지근해서…'. 참으로 포근한, 전주 같은 토속적인 동인動因의 말이 아닌가!

(2001)

단풍잎 부근

전에 없이 주민등록증을 보잔다. 우정 귀찮게 구는 것 같았다. 도톰한 패스보드를 재빨리 내밀었다. 보지도 않고 표 한 장을 휙 내던진다. 천천히 집으며 쏘아보았지만 그의 시선은 이미 '먼 산 바라기'다. 돌아서는 뒤통수가 근질근질했다.

우대 받을 수 있는 이정표를 훌쩍 넘기고도 나는 한동안 무심히 지냈다. 법대로 하는 것이지만 기다렸다는 듯이 그걸 챙긴다는 것은 '지하철노조의 준법투쟁'처럼 오히려 불편하게 느껴져서다. 현역 때처럼 낄 덴 끼고, 낼 건 내면서 짙푸른 잎사귀로 나풀거리고 싶었다. 그러나 퇴역 동기들과 어울리다 보니 그게 아니었다. 보장된 우대는 물론, 그 밖의 사항들도 그 확대선상에서 약삭빠르게 실속을 차리기 일쑤였다. 나만 빛 바랜 이파리가 된 것 같았다.

지하철역 매표구에서 보면, 표 달라는 메시지도 가지가지다. 직접 '경로요.' '우대 표요.' 하는 사람이 있는가 하면 '안녕하세요' 하거나 '고개만 끄덕' 하고 가만히 기다리는 사람도 있다. 나는 수고한다는 인사와 함께 웃는다. 몇 번인가 그렇게 잘 통했다.

어느 창구에선가 주민등록증을 보자고 했다. 떨떠름했지만 얼른 내놓았다. 역무원은 뜻밖에 '10년은 젊게 보이신데요.' 하고 빙긋 웃었다. '듣던 중 반가운 소리요.' 하고 나도 덩달아 웃었다. 그러나 거듭 그런 거짓웃음을 즐기다 보니, 좀 미안한 생각이 들었다. 패스보드를 열면 주민등록증뿐 아니라 파란 지폐도 보이는데 그걸 빤히 그대로 두고 공짜를 탐하는 얌체 같아서다.

동사무소에 '경로우대증' 발급을 요구했다. 주민등록증으로 일원화된 지 오래여서 소정용지가 없다고 했다. 사정을 얘기하며 캐비닛 어디 묻혀 있나 보아달라고 간청했다. 기이한 생각이 들었던지 담당자는 어디선가 용지를 찾아서 말없이 발급해 주었다. 창 밖엔 노랗게 물들기 시작한 은행잎들이 쉼 없이 하늘거리고 있었다.

그 후 나는 매표구 앞에만 서면 특수한 다른 우대증이나 가진 것처럼 근엄한 표정을 짓곤 했다. 그만큼 낯짝이 두터워진 것이다. 그러나 이를 지참하지 못한 경우도 심심찮았다. 주로 옷을 갈아입을 때였지만 그래도 그 동안 주름살이 더 깊어진 탓인지 역무원은 별 군말 없이 잘도 표를 던져 주곤 했다.

그리 보면 오늘은 작심한 짓 같기도 했다. 평소에 할 수 없이 제 몫을 빼앗기고나 있는 것처럼 떨떠름한 표정으로 팽개치듯

내던지는 동작은 이미 이골이 난 바지만, 보여 달란 주민등록증은 보지도 않고 표부터 내던지는 그 심사는 또 무엇인지….

단풍잎이 다채로운 건 그가 산 여름이 그만큼 치열했던 탓일 것이다. 입시 위주 교육의 짙은 여름을 산, 나는 과연 무슨 빛깔일까? 물들어가는 단풍잎을 바라보며 필시 내가 가르쳤을 지하철 역무원 또래들의 이 짙푸른 여름은 먼 훗날 무슨 빛깔의 단풍으로 물들게 될까, 그런 착잡한 상념이 한참 나를 망연하게 했다.

(2004)

너덜경의 군락

주저 없이 그를 따랐다.

광덕산에 그런 코스가 있으리라곤, 아니 그런 군락이 있으리라곤 상상도 못했다는 그의 말에 혹해서다. 앞서 가던 그가 별안간 오른편으로 방향을 바꾸었다. 거긴 길은커녕 길 같은 것도 없었다.

뜻밖의 너덜경이었다. 시샘하듯 양편으로 푸름을 제친 진회색의 돌과 바위들이 왜깍대깍 부릅뜬 눈망울 같았다.

이건 코스가 아닌데…. 아니, 그래도 코스라고 해야 하나? 나야 오롯한 미답의 경지이지만 그는 이미 개척하여 답파한 코스이니 말이다. 그래, 길이란 태초부터 그렇게 열려서 한 코스가 되던 것을….

너덜경, 그것은 정연하게 이어지는 오르막이 아니었다. 넓어지고 좁아지고, 돌고 꺾이고, 가파르게 혹은 완만하게 올라채는 파란만장이었다. 그 바닥 형편에 따라 그와 나는 붙었다 떨어졌다, 앞서거니뒤서거니 하며 왜깍대깍한 오기를 밟아댔다.

살아온 세월 같구먼. 밟히는 그 울뚝불뚝함이, 돌거나 넘거나 해야 할 바위덩이의 그 도도함이. 끊임없는 도전을 간단없이 결단해야 했던 그 현실과 동궤가 아닌가.

집채만한 바위덩이가 묻힌 반반한 마루터기. 너덜겅 아래로 겸허하게 흐르는 맑디맑은 물을 불러올려 여느 계곡 같은 풍류의 일장을 연출한 조촐한 공간. 양분된 푸름이 화해의 손짓처럼 다가선 희한한 군락의 분지盆地! 햇살이 눈부셨다.

이야말로 '중간지대'로군. 올라가는 것도 내려가는 것도 아닌, 아니 오르내릴 때마다 부담 없이 신들메를 풀 수 있는 곳. 이런 곳이 '수필의 목장'이라고? 아니 '농장'이란 말이 더 어울릴 듯. 어떻든 나는 여기서 무엇인가를 얻어가야 하는데…. "어때요?" 그의 손짓이 당당했다.

담홍색의 꽃 무리가 화사하게 펼쳐 있다. 야- 야! 경탄이 저절로 쏟아졌다. 긴 숨을 토하고 다가가 보니 살짝 흰빛이 서린 녹색 바탕의 화초다. 키는 30~40cm나 될까? 긴 꽃대에 꼭지 달린 여러 개의 꽃이 어긋나게 주렁주렁 매달려 있다. 밑에서부터 피어오르는 것인지 꽃대 끝엔 몇 개의 망울이 여리게 모여 있다. 금낭화錦囊花라고 했다. 흔히 '며느리주머니'라고도 한단다.

금낭화, 그 꽃의 아름다움도 아름다움이지만 이를 군락으로 퍼트린 그 의장은 정말 창조주만이 누릴 수 있는 숭미崇美의 경지가 아닌가! 창작이란 역시 창조주의 몫이란 생각이 들었다. ㅇ화백과 같이 왔어야 하는데….

사람은 고작 산을 본떠 정원을 꾸미고 또 이를 줄여 분재 따위를 세우지. 예술이라고 창작이라고 자랑이 대단하지. 좋은 말씀이야. 그러나 그건 사실 창조주의 어설픈 흉내 내기지 뭐.

금낭화, 그 군락 속에는 바위가 듬성듬성 박혀 있었다. 아예 바랄 것도 기다릴 것도 없는 의연한 그 실존, 그 함묵이 오히려 금낭화의 아름다움을 만천하에 웅변하는 후광이 되고 있었으니, 햇살과의 그 깊은 조응을 나는 헤아릴 길이 없었다.

아무래도 다음엔 ㅇ화백과 동행해서 그의 예안藝眼을 경청해봐야 할 것 같다.

(2004)

침묵의 교감

강산이 두 번이나 변할 수 있는 세월을 녀석과 나는 함께 살고 있다. 녀석은 언제 어디서나 게걸대거나 풀 죽는 일이 없다. 늘 겸허하게 웃을 뿐. 거실에선 그냥 거기 놓여 있는 평범한 물건이다. 그러나 녀석이 무슨 모임에라도 낄 때 보면 메인테이블이나 장식대 위에서 제법 의젓한 품위를 발한다.

녀석을 처음 보았을 때 나는 홀딱했다. 분 높이만큼 오른 세 개의 대 끝에 총총한 잎들이 매우 인상적이었기 때문이다. 빛살의 작희作戱에 사로잡힌, 그림에서나 볼 수 있는 희한한 생화生畵 같았다고나 할까. 나는 냉큼 몇 개를 샀다.

녀석은 그 중에서 끝까지 남은 것이다. 특별히 골라 두었던 건 아니지만 그걸 이런저런 친구들에게 하나씩 분양하다 보니 녀석이 마지막으로 남게 된 것이다. 인연이라면 꽤 단단한 인연인 셈이다.

손바닥 모양의 이파리는 자라면서 겹겹이 된다. 갈래는 5~7개, 파편 길이 6~20cm, 나비는 2~5cm, 잎자루는 10~20cm 정도였다. 표면은 윤기가 흐르지만 딱딱한 편이다. 이 이파리가 녀석의 정수精髓다. 신기하게도 계절적인 빛깔을 한데 어우르고 있다. 금강산이 철따라 경개를 달리하고 있다면 녀석은 그 사계四季의 색조를 상징적이나마 가감 없이 홀인원하고 있는 셈이다. 기준을 알 수 없는 그 배색은 신비롭기 이를 데 없다.

연두, 초록, 노랑이 뒤섞인 잎을 흑갈黑褐의 줄기가 튼실하게 받치고 있다. 잎 하나가 온통 같은 빛깔인가 하면, 손가락 같은 한두 파편이 다른 한 빛깔 혹은 두 빛깔로 달리 물들어 있기도 하다. 어떤 잎에는 그런 빛깔들이 가늘게 줄그어지기도 하고 빈틈만 나면 잎자루들이 이런 잎들을 이중 삼중으로 뻗쳐댄다. 이를 흑갈의 줄기들이 다복한 밀림으로 아우르고 있다.

언젠가 나는 이런 멋진 녀석을 아무데나 썩혀둘 게 아니라 본향으로 풀어주는 것이 순리라고 생각해서 녀석에게 제법 생색을 냈다. 녀석은 살짝 웃더니 가축의 본향이 축사인 것처럼 녀석의 본향도 온실이라고 했다. 머쓱해진 나는 그 때부터 녀석을 진짜 한 식구, 한 벗으로 아끼게 되었다.

녀석은 꽤 진지하게 한 빛깔과 여러 빛깔에 대한 확실한 소신을 가지라고 얘기한다. 웃기만 한 내게 녀석은 아무 일도 없었던 것처럼, 그것과는 무관한 것처럼 시도 때도 없이 내 권태나 피곤을 가만가만 풀어주기 일쑤다.

광복 후의 혼란과 분단, 동족 상잔의 6·25, 카키색 정권의 출현 등으로 굳을 대로 굳어진 양분兩分된 빛깔의 타성은 새 시대가 요구하는 변혁의 걸림돌임에 틀림이 없다. 백이 아니면 흑이어야지, 이도저도 아닌 중간자는 간지奸智에 찬 기회주의자로 몰렸던 그 단세포성 시대가 갔음에도 불구하고 아직도 어디 어떤 일에서나 그 관성은 여전히 위세를 발하고 있다. 2002년 한일월드컵 때, '붉은 악마들'이 반공反共에 저당된 '붉은 색'을 풀긴 했지만 여전히 두리번거려지는 사람들이 없지 않을 것이다. 어쩌면 나의 함묵도 이와 무관치 않을 것이다.

녀석은 그래서 공존하고 있는 특유한 빛깔과 그 상징으로 갈수록 나를 다독거리고 있다. 그런 서정이 농밀해져 이젠 별별 화두를 다 꺼낸다. 이를 들먹여 무엇하리.

어느새 녀석은 40cm 높이에 직경이 30cm나 되는 화분 속에 줄기를 9개나 세워 힘을 모으고 있다.

며칠 전에 현관 앞 슬래브 공간에 차양 비닐을 치고 거기 놓여 있던 휴식 테이블 위에 녀석을 옮겨 놓았다. 반그늘 속에서 사통팔달의 바람을 맞게 된 녀석의 표정이 한결 싱그럽다. 연두, 초록, 노랑의 빛깔이 새삼 윤이 난다.

참, 녀석은 사올 당시 관음죽 집안의 새 자손이라 했다.

(2005)

건배사

"오래간만입니다."

우리만의 건배사乾杯詞다. 어제 헤어졌다 오늘 만나도 우린 그렇게 '짱' 한다. 점심 반주가 두서너 시간 늘어져도 허리춤 한번 추기는 일이 없다.

남들의 선약에 밀려 편찮은 자릴 차지할 때도 있다. 그 날이 그랬다. 그날따라 '야수와 미녀'들이 춤추듯 몰려왔다. 한참 웅성거리는가 싶더니 느닷없이 폭음 같은 "위하여!" 소리가 와당탕 천정을 흔들었다.

누가 먼저랄 것도 없이 우린 일어섰다. 다른 집으로 옮겨 다시 예의 건배사를 정중히 외었다. '기왕이면 미녀들이 우리 가까이 왔어야 하는 건데.' '머리도 꼬리도 없이 위하여가 뭐야? 사람들이 이웃도 좀 생각할 줄 알아야지.' 하는 따위, 볼멘소리들로 불편한 심기를 씻어냈다.

'위하여'란 건배사는 군에서 온 것이라고들 했다. 군의 특성상 부대장이나 부대의 무엇인가를 어쩌고저쩌고 하기 위하여 일사불란한 축배를 올렸을 법하다. 후렴의 힘찬 제창으로 사기를 돋우면서 말이다. 그러나 그게 일반 사회에 와선 그리 간단할 수 없었을 것이다. 그렇다 보니, 무슨 충성의 맹서나 된 것처럼 그냥 휘뚜루마뚜루 '위하여' 소리만 크게 외치게 된 것이 아니가 싶다.

한때 '우리는 할 수 있다'는, 이른바 '캔두이즘'에 가슴을 설레던 시절이 있었다. 카키색 정권이 '우리도 한번 잘살아 보자'고 '새벽종을 울린' 후, 한 많은 보릿고개가 뭉겨졌을 때, 그것은 엄청난 충격이었다. 지금도 그 구호를 향수처럼 되뇌는 사람들이 많지만, 이젠 그것만은 아니라는 목소리도 만만치 않다.

'무엇을, 어떻게'가 빠진 '위하여'가 막연한 의욕이라면 그걸 덮어놓고 '할 수 있다'는 것도 같은 맥락의 저돌성이라 할 것이다. 바야흐로 우리는 지식정보화사회를 살고 있다. 구시대적인 어설픈 발상이나 행동은 이미 끼어들 틈바구니가 없지 않나 싶다. 종전의 '건배'라는 말보다 기운차고 결속력도 있는, '위하여'를 높이 받들려면 그 높이만큼 목적이 되는 말도 분명해야 할 것이다. 사실, 우리의 그 점잖은 건배사도 네댓 사람이 넘지 않았을 때의 얘기이다. 사람이 많다 보면 예의 '야수와 미녀들'처럼 남이야 뭐라 하건 앞뒤 없는 '위하여'라도 힘차게 선창하고 복창해야 분위기가 풀리는 것이 그 동네의 풍속이긴 하다.

우리만이 '쨍' 하는 자리에 모처럼 낀 문우 한 분이 "신부님은

'주 안에 진리가 있다'고 하는데." 하고 웃었다. 잽싸게 나는 다시 "주酒 안에 진리가 있나니, 다 같이 진리를 위하여!" 하고 건배를 선창했다. 폭소 속에 후렴이 제창되었다. 마침내 우리도 진리를 앞세운 '위하여족'이 된 것이다.

술酒은 숙성의 산물이다. 바로 그 숙성이야말로 창조주의 뜻에 접근하는 것으로 여겨졌다. 사전을 찾아보았다. 당연히 삼수氵변에 있을 것으로 여겼던 주酒자가 뜻밖에 닭 유酉변에 있었다. 이 변의 한자들을 두루 살펴보니, 다른 글자 수순과 마찬가지로 유酉변이 거의 왼편 자리에 있고 드물게 아래를 받치거나 중간에 낀 것들이었다. 오직 주酒자에만 왼편 자리를 양보하고 오른편으로 가 있다. 나는 그 까닭을 알 수 없었다. 무슨 비의秘意가 있는 것인지 뜻풀이를 읽어 보았다. 멋대로 간추려 보니, 술은 '유시酉時와 연관된 익은 물'이다. 그럴듯한 생각이 들었다. 어떻든 나는 그 연장선상에서 한자의 다른 '주'자를 떠올려보았다. 집 주宙, 또 다른 집 주住, 두 자가 같은 맥락으로 미소를 짓게 했다. 드디어 나는 거창한 건배사를 공그르게 되었다.

"주主, 宙, 住, 酒 안에 진리眞가 있나니, 진리는 곧 가치善이며 아름다움美이니라, 우리 다 같이 진리를 위하여!"라고.

모임에서 몇 번인가 선도하여 박수를 받았다. 무엇보다 개신교 신자들이 웃고 반기며 자리를 비교적 오래해 주어 기분이 좋았다. 그런데 주변에서 자꾸 건배사가 너무 무거워 술맛이 잘 안 풀린다고 꺄우뚱했다.

할 수 없이 그 '위하여'를 위한 생각을 다시 할 수밖에. 주심酒心

의 본령이 일종의 탈속脫俗에 있다면 '위하여' 따위로 마냥 귀일歸一하는 건 반드시 술을 맞는 바른 자세가 아닐 것 같은 생각이 들었다. 그리하여 결국 그리움이 넘치는 평범한 초심으로 돌아오고 말았다.

"오래간만입니다. 짱!"

(2003)

겉과 속

'겉 다르고 속 다르다'는 말이 있다. 말 자체야 사실을 그대로 얘기한 것이지만, 그게 사람을 빗대게 되면 뜻이 묘해진다. 겉으로 나타난 행동과 속으로 도사린 생각이 맞물리지 않으면 어리둥절해지기 때문이다. 어느 것이 진짜인지 어느 것을 믿어야 할지 갈등과 오해가 뒤따르게 마련이다. '겉 다르고 속 다른 사람'은 그래서 늘 경계의 대상이 된다.

그렇다고 행동이 생각과 일치되거나 통하기만 하면 다 온당한 것이 되는지, 그것을 받아들일 바깥 사정은 아예 아랑곳하지 않아도 괜찮은 것인지, 바깥 사정 때문에 행동이 먼저 나가고 생각이 뒤따르게 된다면 당찮은 수순이 되는 것인지, 나는 가끔 그런 생각에 부대낄 때가 있다.

흔히 우리는 행동하기 전에 생각하고, 행동하면서 생각하고,

행동한 후에 또 생각한다는 말을 한다. 행동하기 전과 후의 생각이야 당연히 그러려니 하지만 행동하면서 생각한다는 것은 무엇인가. 행동에 앞선 생각이나 행동에 뒤따른 생각이 행동현장에서 결코 완벽한 것이 못된다는 반증이 아닌가. 그렇다고 보면 잘잘못간에 실체로 남는 건 오직 행동이고, 생각은 행동을 위한 앞뒤 뒷바라지에 불과하지 않는가?

생각만 하고 행동이 없다면 그 생각은 없는 거나 마찬가지다. 생각은 있는데 그걸 행동에 옮길 수 없다면 그게 무슨 의미가 있는가. 산다는 것은 눈에 보이지 않은 생각을 사는 것이 아니라, 구체적인 행동을 사는 것이다. 그 행동에 의미를 주고 가치를 찾는 것이 삶의 실상이라 할 것이다.

사람은 '신으로부터 버려진 존재'라는 주장이 있다. 신이 버렸으니 어떤 소명召命도 받은 게 없다는 얘기다. 잘사나 못사나 제 인생 제가 알아서 제 뜻대로 골라 살 수밖에. 그렇게 골라 사는 그 나날이 그대로 제 바탕을 만든다는 것이다. 비유컨대 양파처럼. 양파의 껍질을 벗겨보라. 끝내 속은 나오지 않고 껍질만 수북해진다. 속은 어디 있는가. 없는 것인가. 아니, 있지. 그 껍질 하나하나마다 가지런히….

커피숍이나 비어홀 같은 델 가면 아가씨들이 겉으론 제 오라비 오는 것보다 더 반가워한다. 그것이 그녀들의 속과 똑같은 것일까. 어쩌면 그녀들은 그때, 적금이나 동생의 등록금 같은, 아니 배신자에 대한 분노나 복수 같은, 그런 착잡한 생각을 하고 있었을지도 모른다. 속이란 그만큼 늘 복잡 미묘한 것 아닌가. 그렇다면 겉으로 나타난 그 환대는 무엇인가. 직무상의 한낱 연기演技인가? 그렇다. 그건 살기 위한 하나의 방편일 뿐이다. 이것을 마치 무슨 호감이나 프로포즈로 여겼다면 그건 또 하나의 코미디다. 그녀의 맑은 눈동자 뒤에 도사린 깊은 속내는 알 수 없는 까만 호수다. 막이 내린 후, 그런 헛딛기를 제 실수라 하랴, 그녀들의 배신이라 하랴.

착한 행동엔 착한 속이, 그릇된 행동엔 그릇된 속이 양파 껍질처럼 켜켜이 알맹이로 불어난다는 것은 진지한 인생의 실감이 아닐 수 없다. 제 행동의 총화가 곧 제 속이 된다는 말 아닌가. 그런 제 속은 끝까지 제가 책임질 수밖에. 더구나 그 책임이 저뿐 아니라 이웃, 국가, 인류에 대한 책임까지 져야 한다면 제가 바로 작은 우주라는 뜻 아닌가. 엄청난 얘기다.

속이 겉을 만드는 것이 아니라 겉이 속을 만든다는 책임의식은 '겉 다르고 속 다르고'가 아닌 겉과 속을 하나로 아우르는 위대한 행동이 아닌가!

(2004)

팽낭거리

녹음이 짙어지면 높고 넓은 차양이 두툼하게 쳐진다. 떠받친 두리기둥들은 큰 절간의 그것들보다 더 튼실하다. 내 아버지의, 아버지의 아버지 때도 고만고만했다니, 피고 진 그 세월을 얼마나 셈해야 할까. 둥치가 두어 바람쯤 되는 것도 서너 그루 있다. 버섯 핀 살갗도 아직은 보이지 않으니…. 저력의 둥그나무여!

차양 밑엔 언제나 상큼한 기운이 자욱하다. 지리산의 정령인지 섬진강의 청심인지? 사람들은 부채를 내던지고 너도나도 거기 모인다. 유선각遊仙閣엔 할아버지들이, 땅위로 뻗은 뿌리 방석엔 아저씨들이, 가양의 모래바닥엔 조무래기들이 저마다 편안한 영지領地를 꾸민다. 그 곳은 왼쪽으론 신작로를, 오른쪽으론 서샅(서쪽 고샅) 도랑을 터준 뒷마당 같은 자린 것을…. 정겨운 정자

나무여!

논매기에 헉헉댈 무렵, 점심이 끝나면 그 곳엔 잠시 뿌리 목침을 벤 베잠방이들이 아무렇게나 너부러져 드르렁거리기 일쑤다. 그 사이를 비껴가다 보면 울룩불룩, 더러는 곤두선, 결코 보아선 안 될, 콩닥거리는 불경不敬을 어찌할 도리가 없다. 눈길은 더욱 빛을 더하니. 간헐적인 방기放氣의 쾌음快音이 이에 질세라 고저장단을 방산한다. 숨을 길게 뱉고 차양을 바라보면 그 모든 것이 다 생명의 약진을 다지는 잔잔한 충전인 것을…. 신묘한 당산나무여!

팽나무 열매가 토실해지면 조무래기들은 열매 크기에 꼭 맞는 대통을 구해 펌프 원리를 원용한 총을 만든다. 한 알을 앞에다 꼭 끼고 또 한 알을 뒤에 끼워 갑자기 밀어대면 푸른 탄환이 펑펑 차양 끝에 오른다. 꼬마 병사들에겐 그게 바로 기쁨과 희망의 소리인 것을…. 축복의 팽나무여!

팽나무 거리에서 '팽남거리'로, 다시 부드럽게 '팽낭거리'로 불리는 그 곳은 내 애틋한 향수의 한 자락이다.

6 · 사 · 랑 · 의 · 단 · 상

뫼루소형

ㄱ은 엉뚱한 짓을 잘 한다. 무엇이든 재빨리 진수를 파악하고 간명하게 정리하는 재간이 툭툭 튄다. 정곡을 찌르는 무엇인가가 그 속에서는 항상 도사리고 있는 것 같아 귀가 쫑긋해진다. 무모하리만큼 몰아대는 대담한 실천력이 또한 손에 땀을 쥐게 한다.

횡단보도 앞에서의 일이다. 함께 푸른 신호를 기다리고 있는데 그는 느닷없이 불만을 토해냈다. "교통정리라는 게 뭐야. 뒤얽힘, 막힘을 원활히 풀자는 것 아냐. 그런데 개 한 마리도 얼씬거리지 않는 텅 빈 길을 앞에 두고 멍하니 신호 떨어지기를 기다린다는 것은 정말 일급 코미디야, 코미디. 아니, 심각한 인권문제이기도 하지, 안 그래. 넌 어찌 생각해?" 하곤 잽싸게 걸어나갔다.

ㄱ은 나를 만나면 이런 유의 언동을 꺼림 없이 해댄다. 그는 언젠가 자신을 '동 키호떼형'이라 하고 나를 '햄릿형'이라고 단정한 일이 있다. 당시 나는 두 작품을 다 읽고 있었지만, 그 뜻을 깊게 헤아릴 수준은 아니었다. 그런데 ㄱ은 놀랍게도 '형型' 자까지 붙여가며 어쩌고저쩌고 해대니 기가 질렸다. 그러면서도 별로 싫진 않았다. 저돌적인 동 키호떼보다는 사색적인 햄릿이 훨씬 품위 있고 고상한 것 같아서다.

이 같은 분류가 사실은 투르게네프에 의한 것임을 알게 된 것은 한참 후의 일이다. 투르게네프는 '햄릿과 동 키호떼'라는 강론을 통해서 햄릿은 생각만 하고 동 키호떼는 행동만 하는 인간이라고 했다. 햄릿은 선도 악도 믿지 않고 오로지 회의와 사색에 빠진 반면, 동 키호떼는 악에 짓눌린 민중을 위해 싸운답시고 유용한 풍차를 쳐부수는 따위, 저돌적인 행동에 빠진 유형임을 지적했다. 비극의 씨앗은 양편에 다 있게 마련이지만 회의보다는 행동을 한결 우위優位에 두는 강론이었다.

투르게네프는 동 키호떼의 행동주의 사상과 맥을 같이하는 소설 ≪아버지와 아들≫에서도 주인공 바잘로프를 통해서 행동사상을 허무주의로 표현하고, 합리론자들이 만들어낸 어떤 제도나 법칙도 그 권위를 인정하지 않았다. 아이러니나 반어적인 말은 곧잘 해도 거짓말이나 변명, 회피, 위선, 허영, 타협 따위는 아예 타기했다. 투르게네프는 차가운 사상보다는 피가 도는 실천을 통해 구체적인 현실을 바로잡고자 한 행동주의 작가였다.

이런 배경을 일별하고 났을 때, 동 키호떼형으로 자처했던 ㄱ

의 그 재빠른 판단은 일종의 자성예언自成豫言 같기도 했다.

햄릿형으로 불렸던 나는 공연히 부끄럽기만 했다. 천지도 모르고 내심 흐뭇해서 그 틀에 자신을 맞추려고 제법 회의에 잠긴 듯, 선택의 고민에 빠진 듯, 사유의 논리에 골몰한 듯 당찮은 폼을 잰으니 백 번 낯을 붉혀도 시원찮을 일이다. 이후 나는 한번도 무슨 형 운운하는 말을 꺼내지 않았다.

실존주의 얘기가 한창이던 시절의 어느 날, ㄱ은 불쑥 카뮈의 ≪이방인≫을 내밀었다. 숨 돌릴 사이도 없이 "주인공이 꼭 너 같아. 그래 넌 햄릿형이 아니라 바로 뫼루소형이야." 하고 알 수 없는 미소를 지었다. 나는 순간 불쾌감 같은 어지러움을 잠시 추슬러야 했다. 그렇지만 이내 따라 웃었다.

나더러 뫼루소형이라고? 어머니가 돌아가셨는데 그 마지막 얼굴도 보려 하지 않고, 눈물도 흘리지 않는, 시신 앞에서 담배를 피우고 잠을 자고, 밀크커피를 마시고, 장례 후 묵념도 하지 않고, 또 그 이튿날 바로 해수욕을 하고, 여자와 놀고, 영화구경을 하는 따위, 그런 매정하고 부도덕한 뫼루소 같은 인간형이라고?

글쎄, 그저 해본 말이겠거니 하면서도 어쩐지 꺼림칙했다. 문득 내가 상주였던 지난 일들이 생각났다. 그래, 그럴지도 모르지. 그때 나도 허식적인 의례나 관행에 내심 얼마나 거북해 했던가. 간편한 현대식 상례에 따른다 하면서도 가슴에 달아야 하는 상장을 보는 이들에게 공연한 번잡을 준다는 구실로 끝내 생략해버리지 않았던가. 따져보면 불효하기는 그나 나나 오십 보 백 보다.

그러나 뫼루소가 사람을 죽이고 사형 당하기까지의 과정은 나와 무연한 얘기다. 살의殺意 여부를 묻는 재판장에게 죽일 생각은 없었지만 햇빛 때문이었다고 대답하는 뫼루소, 신부의 면회를 거절하고 어떤 도움도 청하지 않는 뫼루소, 다가올 죽음에 대한 명철한 의식으로 세계와 자기가 하나 되는 행복감에 젖어 자기의 사형집행을 많은 구경꾼들이 함성으로 맞아주길 바라는 뫼루소, 어찌 내가 그런 알 수 없는 이방인이 될 수 있겠는가. 뫼루소형? 당찮은 얘기다.

만일 내가 그 경우를 당했다면 나는 즉각 변호사를 사고 그와 공모하여 온갖 논리를 내세워 그것이 정당방위라고 주장했을 것이다. 아니면 본의 아닌 실수라고 참회의 눈물을 줄줄 흘리며 동정을 구했을 것이다. 신부 따라 손을 모으고 성경 구절을 주저리주저리 외며 매달리다가 정 안되면 천당의 문이라도 열어달라고 애원했을 것이다. 줄곧 죽음의 공포에 떨며 차라리 세계가 멈춰주기를 자랑스런 조상의 이름으로 빌고 또 빌었을 것이다. 사람을 죽여 놓고 그 이유를 햇빛 운운하는 뫼루소의 답변은 아무래도 상식을 벗어난 무책임한 기행이 아닐 수 없다. 그러나 카뮈는 이를 오히려 예수의 처지와 같다고 말한다. 아무런 기적도 베푼 일이 없는 뫼루소가 자신의 모든 행위를 끝내 설명하지 않고 예수처럼 사회의 이름으로 처형됐기 때문이다. 그런 그에게 진실성이 없다면 예수에게도 그게 없을 수 있다는 설명이다.(中忖光夫. ≪異邦人論≫ 참고) 엄청난 얘기다. 무슨 뜻일까?

이미 죽기를 작심한 뫼루소! 그는 사람이 사람을 죽였으니 당연히 죽어야 한다는 소박한 인간애를 실천하고 있다. 자기 행동은 자기가 끝까지 책임지는 참다운 윤리의식의 발로다. 그는 법정이라는 것을 믿지 않는다. 불완전한 법전을 놓고 불완전한 법조인들이 모여 발라 맞춘 머리싸움 하는 곳이 바로 법정이 아니던가. 그리하여 뫼루소는 판결 이전에 이미 다가오는 죽음의 명증을 기꺼이 의식하면서 요식 행위로 그냥 햇빛 운운하고 만 것이다. 그것은 사실 햇빛이 아니라 바람 소리면 어떻고 파도 소리면 어떤가. 그러나 그것은 거짓말이나 변명이 아니다. 일종의 아이러니다. 마치 일제 때 우리 독립투사들이 법정에 끌려나와 오직 독립투쟁의 사실만을 떳떳이 주장하고 그 밖의 것은 어떤 것도 인정하지 않았던 의연함과 흡사하다. 뫼루소의 죽음을 예수의 죽음 이상의 진실로 풀이한 것은 바로 이 같은 인간 위주의 현실을 보다 중시한 탓이다.

이렇게 따지고 보면 뫼루소는 햄릿과 맥이 닿는 게 아니라 동키호떼에 이어진 행동적 인간형이 아닌가. 그렇다면 ㄱ과 나는 같은 유형이 되는가? 지난날 서로 돕기도 하고 겨루기도 하며 주고받았던, 이 대단찮은 사연들을 간추리고 보니 ㄱ과 나는 어쩔 수 없는 좋은 친구 사이이다. 그러나 아무리 제 행동을 제가 책임진다 해도 과연 뫼루소처럼 그렇게 기꺼이 죽음과 랑데부할 수 있는 사람이 몇이나 될까. 뫼루소형? 얼굴이 확확거린다. 아무래도 ㄱ을 찾아 시원한 약주라도 몇 잔 나눠야 할 것 같다. 그런 정회가 붕긋이 인다.

(1999)

무용한 정열에의 성실

2002년 8월 24일 남사南沙 정봉구鄭鳳九 선생이 이승을 떠났다. 향년 78세를 일기로 조용히 생을 마감했다. 지난해 이맘때, 뜻밖에 발병 선고를 받았으나 극복하기엔 그 실기失期의 벽이 너무나도 높은 형편이었다. 그 회환과 무상감을 말해 무엇하랴.

뒤늦게 부음을 접한 나는 황망히 서울아산병원을 찾았다. 영정을 바라보고 분향하는 순간 와락 눈물이 솟았다. 속으로 곧잘 삭혔던 일인데 왜 그 제동 장치가 풀리는지 알 수 없었다. 한자리에 앉게 된 조홍식 학장이 몇 번이나 내 등을 다독거려 주었다. 황극선 교수도 손을 꼭 잡고 놓을 줄을 몰랐다.

조문객이 줄을 이었다. 누구라면 곧 알 수 있는 남사 선생의 동료, 선후배 교수 및 문인들이 분향의 차례를 기다렸다. 특히 남사 선생의 수필 강의를 들었던, 남사문학회 회원들을 비롯한 많은 문우들이 애통해 하는 모습은 주변을 숙연하게 했다.

술과 담배는 물론 커피 등 가공 음료도 지극히 삼간 분이, 체조와 산책과 등산을, 독서와 사색과 창작을 끊임없이 즐긴 분이, 그리하여 '물같이 바람같이' 살아온 분이, 다른 병도 아닌 위암에 사로잡혔다는 것은 얼른 납득이 되지 않았다. 인생은 그래서 부조리한 것이라고 했을까.

내가 남사 선생을 알게 된 것은 40여 년 전, 남사 선생이 상명여고에 재직할 때의 일이다. 함께 외대에서 상급자격증 취득을 위한 강습을 받게 되었다. 그 때 문리대 이휘영 교수의 강의가 문제였다. 이 교수는 점잖게 "같은 입장이니 모두 한 패러그래프씩 돌아가면서 맡자."고 했지만 수강자들로선 매우 곤혹스런 일이었다. 대책이 논의되었는데 결국 남사 선생이 주도적으로 문학적 측면의 질의를 최대한 길게 해서 시간을 메우자고 했다.

남사 선생은 이를 멋지게 수행했다. 카뮈에 대한 논의였는데, 질의나 그 반문에 대한 답변 등이 수강자들의 공모를 잘 커버하는, 길고도 매끈한 것이었다. 남사 선생의 저력이 매우 돋보였다.

그런데 동원된 어휘나 내용의 흐름이 어딘 듯 낯익게 느껴졌다. 사석에서 그런저런 얘기를 나누다 보니 뜻밖에 남사 선생이 성대 동문이었다. 범초泛礁 손우성孫宇聲 선생님 문하의 선배였다. 반갑고 자랑스러웠다.

그 후 나는 남사 선생과 문통文通하는 사이가 되었다. 한번은 과 동창회에서 전갈이 왔기에 찾았더니 남사 선생이 그 회장이었다. 그 모임에서 나는 해마다 5월이면 범초 선생을 모시는 사은 행사가 이어지고 있다는 것을 알았다. 가슴이 찡했다.

남사 선생은 상명대학으로 자리를 옮겼다. 퇴임은 숭실대학에서 하게 되었지만, 그 동안 성대를 비롯한 이화, 중앙, 한양, 항공대 등 여러 대학에 출강했다. 휴·결강은 물론, 지각 한 번 없는 꼼꼼한 강의로 정평이 난 선생은 한국불어불문학회에서도 이사, 감사, 회장직을 역임하는 눈부신 활약을 보였다.

남사 선생은 불문학서 번역에 심혈을 기울였다. 앙리 바르뷔스의 소설 ≪포화砲火≫를 효시로 20여 권에 달하는 역서를 펴냈다. 그 중에 판을 거듭한 것은 에밀 졸라의 ≪목로주점≫ ≪나나≫를 비롯해서 알랭의 ≪생활의 지혜≫ ≪인간론≫, 랑송의≪롤랑의 노래에서 카뮈까지≫ 등 수 권에 달했다. 그런 공로로 남사 선생은 한국번역가협회로부터 '번역문학상'을 받았다.

"무슈 정은 대단한 사람이야. 기를 쓰고 파고들지. 몇몇이 뜻을 모아 수필동인지도 낸다는 거야. 아주 의욕적이거든!"

남사 선생에 대한 범초 선생님의 촌평이었다. 나는 그 자리에서 그 말씀이 '자넨 뭐하고 있나.' 하는 말씀으로 들려 혼자서 얼굴을 붉혔다. 남사 선생은 정말 자랑스런 선배요 훌륭한 향도였다.

나를 문단으로 이끈 분도 남사 선생이었다. 1991년 8월, 나는 논강論江 김영배 선생을 따라 수필문우회가 연, 한·중·일 수필문학 국제 심포지엄에 참석했다. 뜻밖에 남사 선생을 만났다. "최 형이 웬일이냐."고 반가워했다. 논강 선생이 몇 말씀 설명하자 "그렇담 내게도 글을 좀 보여 주어야지요." 하고 진지하게 호의를 표했다. 그리하여 나는 바로 문단인 명단에 끼는 행운을 얻게 되었다. 이내 남사 선생은 한국수필문학진흥회 부회장으로서, 수필 문우회 창립 멤버로서 나를 그쪽으로도 이끌어주었다.

남사 선생은 첫 수필집 ≪크로바의 회상回想≫을 보내 준 이후, 다소 소원해진 공간을 메우기라도 하듯 제2, 제3 수필집인 ≪영혼의 새벽≫과 ≪우리의 행위는 우리를 뒤따른다≫를 묶음으로 즉각 보내 주었다. 그리고 평소에도 잊어버릴 만하면 소설이나 평론집 등을 한 권씩 계속 보내 주었다. 반드시 읽고 좋은 자양을 삼으라는 무언의 후의厚誼였다.

남사 선생은 지난 5월, 제7 수필집 ≪꿈과 꿈≫을 마지막으로 엮었다. 타계하기 3개월 전의 일이다. 그 동안 한국수필가협회와 수필과비평사로부터 '수필문학상', '신곡문학상'을 각각 받은 바 있으나 남사 선생은 일찍이 받은 번역문학상을 포함해서 그런 상들과는 아주 초연한, 참으로 문학교文學教의 독실한 신자로 일관했다.

"내가 걸어온 생활의 존재도 결국은 '무용한 정열(passion inuitle)'이 아니었나, 반성됩니다…." 남사 선생이 회갑 때 사르트르의 말을 빌려 답사한 한 대목이다. passion 의 번역을 두고 '수난'으로 해야 옳다는 이론이 있었지만 선생은 "필경 나는 '무용의 수난 단계'와는 거리가 먼 '무용한 정열'로 머물다 가리라. 그렇게 자족한다."라고 단언했다.

남사 선생은 그 무용한 정열을 평생 살고 간 분이다. 아니, 문학에, 수필에 그 무용한 정열을 다 쏟은 분이다. 그렇다면 그 성실은 무엇일까. 과연 무용한 것일까. 그리고 이승만의 것일까. 수

난의 승화는 아닐까.

나는 그 '성실'의 의미를 여러모로 새기면서 남사 선생에 대한 추모의 정을 새록새록 더하고자 한다.

거듭 남사 선생의 영전에 삼가 명복을 빕니다.

(2002)

저승에 띄우는 글

남사 선생님, 안녕하세요?

숱한 아쉬움을 남긴 채, 홀연 이승을 떠나신 지 어느덧 한 돌이 되나 봅니다. 여전히 왜각대각한 번잡에 쫓기다가 문득 이렇게 글월을 드립니다. 버릇대로 인사를 하고 보니 어쩐지 잘못된 것 같습니다. 그 곳은 적어도 '안녕 여부'나 '진지 여부'를 걱정하는, 그런 곳이 아닐 터이니 말입니다. 그저 아름답고 흐뭇한 좋은(bon) 날(jour)만 줄줄이 이어지는 세상이 아니던가요. 인사를 다시합니다.

"봉주르 무슈."

저승에 띄우는 편지야 예나 지금이나 얼마나 많습니까. 옛날엔 사연을 일기에 적거나 지상에 발표하면 아니, 그런 마음만 먹어도 능히 영혼과 이어지는 것으로 믿었지요. 저는 오늘 편지지에 볼펜을 굴리고 있는 게 아닙니다. 첨단우편인 이른바 E메일을 보내고 있습니다. 열어보실 수만 있다면 그래도 '정겨운 그 사투리'를 직접 대하시게 될 것 같습니다. 어떻습니까?

저는 저승을 잘 모릅니다. 막연히 이승과 대칭되는, 조만간에 저도 가야 할 곳으로 이해하고 있습니다. 저승에는 천당과 지옥이 있다고 듣고 있습니다. 또 육도六道가 있다는 말도 듣고 있습니다. 그런 얘길 들을 때마다 저는 어느 종교에도 귀의치 못한 미숙성을 새삼 느끼곤 합니다. 그러면서도 할머니께서 일찍이 되뇌시던 '천지신명' 같은 것이 문득 떠올려지는 것은 어인 일일까요?

사람이 저승에 갈 땐 누구나 육신을 버리고 영혼만 간다지요. 그 육신은 영혼이 입다가 벗어던진 옷 같은 것일까요. 갑자기 운신할 줄 모르는 짐 덩이가 됩니다. 유족과 친지들은 고인이 입었던 육신의 옷을 정리하듯 그 영혼의 옷도 오열 속에 정중히 영결합니다. 그리곤 때맞추어 항상 추모의 정성과 예를 드립니다. 그러나 영혼은 아무 말이 없습니다. 저승의 영혼과 육신에 싸인 이승의 영혼과는 무관한 것인가요. 아무래도 무슨 대응이 있어야 마땅한 것 아닐까요?

저는 그 함묵의 의미를 헤아릴 길이 없습니다. 말씀을 하시는데 우리가 못 알아듣고 있는 것인지, 아예 안 하시는 것인지, 그곳엔 이승의 사투리들과는 다른, 쉽게 익힐 수 없는 어떤 '절대언어' 같은 게 있는 것인지, 아니면 영혼이란 그 자체가 함묵으로 충족되고 소통되는 존재인지, 그저 망연할 뿐입니다. 아니, 어쩌면 영혼도 저승도 없었던 것 아닌가요?

당찮은 상상을 했네요. 만일 영혼도 저승도 없다면 기대고 살 준거가 없어지는 것 아닙니까. 온갖 어려움과 빚더미에 시달리면서도 학문이나 예술 등을 위해서, 사회봉사나 정의구현 등을 위해서, 생애를 걸고 속화를 거부한 생령들의 마지막 갈 곳이 어딥니까. 그들의 죽음은 바로 세속적 고난에서의 해방 아닙니까. 눈부신 영혼의 탄생 아닙니까. 반대로 온갖 사술과 음모와 강제로 남의 것을 탐하고 지배하고 확충하는 데 생애를 건 속물들의 마지막 갈 곳은 과연 어딥니까? 그들의 죽음은 눈감을 수 없는, 속물적 영화의 끝장이 아닙니까? 싹트지 못한 영혼의 잔해가 아닙니까? 그렇잖아요!

선생의 영혼은 당연히 저승의 천상도天上道 어딘가에 편안하시리라 믿습니다. 그래서 더욱 그 곳의 정경과 사정들이 궁금하고 그리운 것입니다. 미욱한 생각입니다만 그 E메일이 꼭 조응照應하는 좋은 기회가 왔으면 합니다. 그렇지요? 부질없는 넋두리를 그냥 정으로 웃어주십시오.

이승에 계실 때, 함께 문학을 얘기하고 수필을 추슬렀던 많은 문우들과 사제의 연을 누렸던 여류작가들이 모이기만 하면 선생의 멋과 유머와 항심을 추모하곤 합니다. 저도 또한 선생께서 안겨주신 그 대강代講을 세미나의 좌장 같은 자세로 누가 되지 않도록 힘쓰고 있습니다. 그 또한 웃어주십시오. 이만 각필閣筆 인사드립니다.

오르봐르 무슈!

(2003)

사랑의 단상

나더러 사랑을 얘기하라고요. 차라리 붙들고 울 일입니다.

짝사랑을 해본 일 있습니까? 상대는 심드렁한데 혼자서만 '석탄 백탄 타는' 가슴앓이를 과연 사랑이라 할 수 있을까요. 어떤 사람은 이것이야말로 순수하고 깨끗한 사랑이라고 말합니다. 아니, 실패가 없는 영원한 사랑이라고도 합니다. 또 어떤 이는 그건 사춘기에 누구나 한 번은 겪는 부끄러운 열병이라고도 말합니다.

실연 당해 본 일 있습니까? 서로 좋아하다 왜 헤어져야 합니까? 누가 누구를 버리고 누가 누구에게 버림을 받아야 합니까? 그 기준은 무엇이며 누가 세운 것일가요. 선택의 책임과 함께 걸머져야 할 그 아픔은 짝사랑과는 차원이 다릅니다. 합의든 포기든 그 과정의 실망과 분노와 증오의 격랑은 엄청난 것입니다. 오죽하면 가장 이상적인 대상은 싫어질 때 함께 싫어질 수 있는 사람이란 말이 나왔겠습니까.

결혼은 연애 · 중매 그 어느 편입니까? 결혼생활은 행복합니까? 과정이야 어떻든 실제는 짝사랑의 꿈이나 연애의 흥분이 다는 아니지 않습니까. 세월이 가면 천사 같았던, 왕자 같았던 상대들이 어느새 필부필부匹夫匹婦의 덤덤한 실체로 드러납니다. 걸핏하면 실연 같은 갈등에 젖어 '고린도전서 13장'을 수없이 외고, 목청껏 노래하기도 합니다. 그런데도 '너'와 '나'가 되는 수치는 좀처럼 줄지 않고 있으니 웬일일까요.

사랑이라는 이름의 모든 행위는 결국 원점이라 할 '짝사랑의 각본'을 상황에 따라 각색해서 연출하는 것이 아닌가 싶습니다.

나는 학생 시절에 '보들레르는 잔느 뒤발의 육체를 통해서 통령通靈의 문을 열었다.'는 말을 들었습니다. 무슨 뜻인지 갸우뚱하면서 턱없이 설레기만 했습니다. 지금은 좀 알 것도 같고 여전히 갸우뚱하기도 합니다. 그런 보들레르가 싸바띠에 부인에게는 주옥 같은 짝사랑의 시문을 바칩니다. 뒤늦게 이를 알게 된 싸바띠에 부인은 그의 사랑을 받으려 합니다. 그러나 보들레르는 뜻밖에 "아냐. 내가 그대를 사랑하는 것은 몽마르뜨르의 한 여인으로서가 아니라 내 시심으로, 심령의 새벽으로 사랑하는 것이오." 하고 그녀의 육체를 거절합니다. 같은 사람이 상대에 따라 이렇듯 사랑의 형태를 달리할 수 있을까요.

따지기 좋아하는 평자들은 이를 두고 '정열적인 사랑' '오누이 같은 사랑'으로 정리하고 있습니다만 사랑이란 어찌 보면 무르익은 가학加虐의 치정癡情에서부터 순수한 정신적 사랑에 이르기까지 숱한 그 도정을 저마다 상황에 따라 선택적으로 편력하는 것이 아닌가 싶습니다.

프루스트는 그 유명한 ≪잃어버린 시간을 찾아서≫를 집필할 때, 무심히 애인 알베르띤느를 아름답다고 썼다가 이를 지우고 다시 '꼭 껴안고 싶다'라고 고쳐 썼다고 합니다. 언뜻 들으면 그 말이 그 말 같습니다. 그러나 사랑한다는 말은 일반적인 서술인 데 반해 꼭 껴안고 싶다는 말은 매우 주관적이고 구체적인 표현입니다. 예쁘네, 곱네, 삼삼하네 하는 유의 말들은 사실 사랑이라고 하는 그 개별성을 끌어안기엔 미흡한 말들입니다. 특히 남이야 싫어하건 말건 눈치코치 볼 것 없는 정열적 사랑에 있어서는 더욱 그렇습니다. 사랑의 뿌리는 꼭 껴안고 싶다는 그 절절한 욕망, 바로 그것이 아닌가 싶습니다.

그 욕망에 시점을 두고 사랑이 어떻게 생성되고 쇠잔해지는가를 잠시 생각해 봅니다. 나는 앞서 짝사랑에 대해서 사춘기에 누구나 한 번은 겪는 열병이란 말을 했습니다. 짝사랑이 반드시 사춘기에 한하는 건 아니지만 그것은 사랑의 생성에 직결된 열병 같은 현상임에는 틀림없습니다. 사춘기에 들어서면 아버지를 능가하게 키가 훌쩍 크고 힘이 넘칩니다. 어머니보다 날렵한 몸매에 싱싱한 살갗이 눈부십니다. 그 축복의 별처럼 여드름이 총총하게 빛납니다. 무엇인가 그립고, 갖고 싶고, 겨루고 싶고, 얘기하고 싶고, 노래하고 싶고, 탈출하고 싶습니다. 뭐라 말할 수 없는 붕 뜬 욕망이 정처 없이 빈 하늘을 맴돕니다.

무릇 식물들은 하늘을 향해 뻗어 오릅니다. 그러나 덩굴성 식물들은 감고 오를 어떤 지주나 줄 따위를 찾지 못하면 제풀에 꼬이기 일쑤입니다. 빈 하늘을 휘젓는 사춘기의 욕망도 이와 다를 바 없습니다. 사랑의 지주나 줄을 찾지 못하면 엉뚱한 현상들이 나타납니다. 친구에게 빠지거나 봉사활동 등에 열을 내거나 갸륵한 효심을 발현하거나 합니다. 바로 제풀에 꼬인 사랑의 변형들입니다. 사랑에 대한 갈증이 그렇게 위장되어 나타난 것이라고 볼 수 있습니다.

빈 하늘을 두리번거리는 춘기春氣가 차츰 무르익으면 저마다 '노루 사슴이 뛰노는 언덕 위의 집' 같은 환상적인 사랑의 각본을 씁니다. 그리곤 즉각 그 무대에 설 배우를 찾습니다. 마침내 갑돌이와 갑순이가 각각 그 선택의 주인공이 됩니다.

그 선택은 전광석화처럼 반짝 가슴을 파고드는 황홀 같은, 좀 특이한 것입니다. 따지고 견주고 하는, 이른바 이성적 검증을 거친 그런 선택이 아니라 '한눈에 반해버린' 직관적 선택입니다. 그것도 떡 벌어진 어깨를 흔들며 뚜벅뚜벅 걸어가는 갑돌이의 건강한 뒷모습이나 심란한 얼굴로 멀리 창 밖을 바라보는 갑순이의 이슬 머금은 눈동자 같은, 지극히 순간적인 어떤 편모에 홀리고 마는 희한한 것입니다. 사랑의 신화랄까 병리가 바로 그런 게 아닌가 싶습니다.

갑돌이와 갑순이는 이제 그들이 홀린 그 단편적인 인상들을 바탕으로 마치 몸뚱이만 남아 있는 어떤 조각품을 상상을 통해 그 전모를 알아내려는 예술가처럼 그 전체를 다시 구성하고 싶은 욕망에 사로잡힙니다. 시도 때도 없이 그들을 각본 속의, 이미지 속의 실물인 갑순이가, 갑돌이가 각기 집념처럼 보고 싶어지는 것입니다. 사랑 병에 걸린 것입니다. 그 첫 자각입니다.

그러나 그들의 만남은 아귀 맞지 않은 대목이 많습니다. 상대에겐 있지도 않는 별의별 것들을 멋대로 상상해서 끌어붙인 탓입니다. 편모의 인상으로 전모를 성급히 착색, 탐색하려는 어설픔 때문입니다. 그러나 그것은 전적으로 상대방의 책임이 아닙니다. 그것은 오로지 상대방에게 홀린 나의 책임입니다. 어쩌면 그것은 상대와는 무관한 자신의 또 다른 자신과의 사랑의 시작인지도 모릅니다.

그렇듯 좀 어설픈 면이 있다 할지라도 알고 싶은 그 전모의 여지가 다 가시지 않는 한 정열은 날로 가중됩니다. 그리하여 도취하면 모든 것이 아름답고 특이한 감동이 됩니다. 그러나 이윽고 그 파도가 잦아들면 그것은 한낱 평범한 기질에 불과하다는 것을 알게 됩니다. 스스로 덧씌운 분장이 비로소 벗겨진 것이지요. 갑순이의 그 백옥 같던 얼굴에 주근깨가, 사랑을 읊조리던 입에선 돈타령 옷 타령이, 갑돌이의 그 너그럽던 얼굴에 흉흉한 권위주의가, 헌신을 되뇌던 입에선 엄명과 사역이 봇물 터지듯 합니다. 짝사랑과 실연의 요소가 함께 뒤엉킨, 결혼의 각박한 현실이 적나라하게 드러납니다. 그리하여 정열적 사랑은 서서히 그 종언을 고합니다.

포옹은 정열적 사랑의 상징입니다. 눈은 감기고, 코는 짓눌려지고, 말은 끼어들 틈이 없고, 그럴 때 귀는 있으나 마나입니다. 한 발짝도 나갈 수 없는 맹목의 자세입니다. 참으로 희한한 시사가 아닐 수 없습니다.

그러고 보면 순결한 사랑이니 영원한 사랑이니 하는 그 예술적 수사는 실상 짝사랑에서부터 정열적 사랑의 종언에 이르기까지 그 사이사이에 끼어든 숱한 사연들이 욕망의 긴장감을 쥐었다 풀었다 하는, 그런 얘기들이 아닌가 싶습니다.

사랑은 자기중심적인 마주보는 정열적 사랑만이 그 전부는 아닙니다. 함께 같은 방향으로 앞을 바라보는, 성을 초월한 동지애 같은, 차원을 달리한 사랑이 얼마든지 있습니다. 육친 간의, 이웃 간의, 국가 · 국민 간의, 국제간의, 아니 한낱 동 · 식물의 사랑에 이르기까지 그것은 실로 다양합니다.

이 부조리한 엄청난 사랑들을 우리는 조화롭게 사랑해야 할 책무를 지고 삽니다. 이것이야말로 사랑을 사랑답게 사랑하는 사랑의 길입니다. 사랑은 인류와 더불어 영원히 공존할 것입니다. 돈 쥬앙은 돈 쥬앙대로 대를 이어 새로운 정열로 사랑의 열병을 앓을 것입니다. 충무공은 또한 충무공대로 대를 이어 새로운 충성으로 백의종군의 구국을 계속할 것입니다. 사랑은 대대로 넘겨지는 영원한 생명이자 숙제입니다.

사랑이요? 아무래도 붙들고 울 일입니다.

(1999)

무제無題

"왕왕, 음– 왕왕!"

소년은 반사적으로 돌멩이를 집어 들었다. 검둥이도 재빨리 뒷걸음질치며 곧 달려들 태세를 취했다. 그제야 소년의 얼굴엔 붉은 기운이 확 스쳤다. 저런 녀석이 있나, 제 동네 사람도 몰라보고….

비록 일 주일만이지만 소년에겐 몽매에도 그리던 귀향이었다. 동네 어귀에 들어서자마자 뜻밖의 환대에 그만 기겁을 하게 된 것이다. 꺼벙한 몰골에 후줄근한 보스턴백을 든 소년의 행색이 여러모로 낯설었던 모양이다.

소년은 힐금힐금 눈치를 보며 검둥이를 비껴났다. 저만치서 다시 돌아보며 이내 쫓아갈 듯, 돌멩이를 던질 듯 폼을 잰다. 녀석의 포효도 만만찮았다.

문제는 그게 아니었다. 어찌된 일인지 '멍멍, 컹컹' 하고 짖어대는 소리가 마치 계주繼走처럼 끊이지 않았다. 잠깐 얼굴을 내민 녀석도 있었지만, 소리만 이어주는 놈도 있었다. '서샅 길', '옥동 길'을 거쳐 그의 집이 있는 당산에 들어섰을 때, 낯익은 녀석들이 꼬리를 살래살래 흔들며 소년을 반겼다. 소년의 집 누렁이는 문간에서 이미 소식을 듣고 있었다는 듯이 길길이 뛰었다.

갸우뚱해졌다. 검둥이의 '왕왕'에서 누렁이의 '길길이 뛰기'로 이어지는 그 과정이 얼른 풀리지 않아서다. 녀석들만의 그 연계가 신묘했다. 소년은 문득 자기 행동이 잘못되지 않았나 하는 생각을 했다. 성급하게 돌멩이부터 들었으니….

6·25전쟁 휴전 후, 빨치산부대라고도 하고 남부군이라고도 한, 인민군 잔여부대가 지리산을 항전무대로 삼게 되면서 그곳 주민들은 어처구니없게도 색깔이 다른 낮과 밤의 병리를 앓아야 했다.

청년의 동네는 읍과 내 하나를 사이에 둔, 3백여 호가 넘는 꽤 큰 마을이었다. '산 사람들'의 이른바 보급투쟁의 대상지로선 걱정하지 않아도 될 만한 여건이었다. 그러나 계엄 사령관의 포고는 지엄했다.

마을 전체에 울타리가 쳐졌다. 몇 군데 주요 도로만 문이 나서, 나들이는 매양 돌고 돌아야 했다. 울타리 안쪽엔 시계視界를 고려한 야경 움막이 듬성듬성 들어섰다. 마을 사람들은 거기서 밤마다 '마을 수호의 용사'가 되었다.

야경은 본부에서 구령을 띄우면 야경꾼들이 이를 곧 시계방향으로 외쳐 다시 본부가 수렴하는, 그런 형태였다. 경비라기보다는 어쩔 수 없는 악다구니 같았다. 심심찮게 바통이 떨어지는 사고가 일어났다. 부릅뜨고 쫓아가 보면 거의 '드르렁드르렁 날 잡아 잡슈'였다. 인계자는 이를 지체 없이 이어주는 번개가 되지 않으면 안 되었다. 그것이 그 밤을 함께 사는 동지의 길이었기 때문이다.

다 시켜서 했던 일이지만 어느새 관성이 된 것인지, 만성이 된 것인지 주민들은 사령관이 아니라도 누구든 힘 있는 자가 "어험!" 하고 나서면 그것이 마치 제 기침인 양 '어험, 어험' 하고 되뇌기를 서슴지 않았다. 아니, 즐기기까지 했다.

청년은 꺄우뚱해졌다. 그런 바람이 과연 일사불란의 질서인지 의아스럽기만 했다.

"아녜요. 구세대잖아요. 그만하셔야지요."

또 출마하겠다는 친구의 얘길 꺼냈다가 느닷없는 빈축을 산 것이다. 세상 참, 아무려면 제 아비 앞에서 저도 잘 아는 아비 친구를, 덕망 있는 한 정치선배를 그렇게 일언지하에 매도할 수 있을까.

2002년 한일월드컵 때, 아이는 이미 신 내린 '붉은 악마'였다. 붉은 바탕에 'Be The Reds'를 하얗게 쓴 T셔츠를 걸치고 경기장으로 광화문으로 잠시도 쉴 줄을 몰랐다. 그들의 함성은 놀랍게도 우리 축구를 세계 4강에 올리는 신화를 창조했다. 그들은 그 신화의 힘으로 이 땅의 고질적 병폐를 척결해야 한다고 주먹을 쥐었다. 걸핏하면 촛불을 들고 상서로운 그 광화문 광장에 모여 시위와 문화행사를 수놓기 일쑤였다.

아들의 '빛과 그늘론'은 요연했다. 카키색 정권 3대를 구세대들은 '빛'만 보고 살았다는 거다. '우리도 한번 잘살아 보자, 정의사회 구현하자, 보통사람의 위대한 시대다' 하는 따위, 구호를 복창하면서 보릿고개를 극복하곤 라디오, 텔레비전, 냉장고, 세탁기 등등의 홍수에 그만 안주해버린, 말하자면 돼지가 돼버렸다는 것이다. 신세대들은 그 '그늘' 속에서 때맞추어 간첩이 나타나고, 사태가 조작되고, 의문사가 속출하는 허위를 눈여겨보면서 직접 피해다니고, 잡히고, 고문당하고, 옥살이도 하며, 말하자면 그 정신적 공황을 버텨냈다는 것이다.

그들의 눈에는 그래서 구세대는 다 그 사람이 그 사람이기 때문에 이젠 물러나야 한다는 논리였다. 그러나 이것 또한 단호한 어느 목소리의 복창이 아닌가.

그런 상황에서 제 아빈들 예외가 되겠는가.

(2004)

오르며 돌아보며

왜 오르는가. 오르고 싶으니까. 고갯마루가 보이니까. 산이 거기 있으니까.

왜 돌아보는가. 돌아보고 싶으니까. 올라온 길이 보이니까. 나무들이 거기 조아리고 있으니까.

왜 쓰는가. 쓰고 싶으니까. 쓸거리가 생기니까. 읽어 줄 사람이 있을 것으로 믿어지니까.

왜 살피는가. 살피고 싶으니까. 바로잡을 거리가 있을 테니까. 제대로 모습을 세워야 하니까.

얘기를 하다보면 나도 모르게 신명이 나거나 진지해질 때가 있다. 듣는 사람들이 "야- 그것 수필 감인데, 그대로 서정신데, 그건 드라마냐, 소설이냐." 하고 더러는 맞장구를 쳐 주기도 한다. 나도 남의 얘기를 들으면서 그런 공감에 사로잡힌 일이 한두 번이 아니다.

책을 읽으면서도 마찬가지다. 감동의 굽이마다 비슷한 경험이 농밀하게 이어진다. 뜻밖에 새로운 정보를 얻거나 성찰의 실마리가 풀릴 때, 의욕과 분발의 힘이 되살아날 때, 서정적인 아름다움에 흠뻑 젖을 때, 날렵한 문체와 적확한 표현에 눈이 휘둥그레질 때 등등이 모두 그런 경우에 해당한다.

글쓰기란 어찌 보면 바로 그 같은 맞장구나 공감을 붙드는 일이라고 할 수 있다. 나의 경우는 그 중에서 특히 수필감을 챙기는 일이다. 그때마다 그 내용을 잘 기억하거나 메모해 두는 일이 무엇보다 중요하다. 나중에 펜을 들게 되면 그 기억이나 메모가 바로 작품의 신선도를 가늠하기 때문이다.

메모하는 일은 노상 나를 곤혹스럽게 한다. 얘기를 하거나 듣다가 느닷없이 취재기자처럼 펜을 꺼낼, 그런 용기가 내겐 없다. 어쩐지 체하는 것 같아서다. 게다가 글씨마저 빨리빨리 쓰질 못한다. 잘 기억해 두어야지, 하는 속다짐만으로 그냥 의젓할 수밖에 없다. 그러나 나의 머리는 그렇게 토실토실한 편이 아니다.

이런 취약성은 단체여행 중에 더욱 두드러진다. 몇 자 적다 보면 일행은 어느새 저만치 앞서 가거나 보이질 않는다. 꽁무니를 쫓아가야 하는 일이 다급해진다. 그 허둥댐은 남 보기에도 민망한 일이지만 결국 보다 중요한 볼거리를 놓치기가 일쑤다. 잠들기 전에 일기를 시도해 보아도 신통치 않기는 어설픈 메모나 다를 것이 없다.

읽기는 혼자서 한다. 남이 끼어들 틈이 없으니 어떤 메모도 거칠 것이 없다. 카드 따위도 마음대로 만들 수 있다. 그러나 나는 그 자유를 제대로 누리지 못하고 있다. 읽다 말고 메모를 하게 되면 금방 그 리듬이 깨어진다. 소설이 대종이지만 시나 수필도 반드시 예외는 아니다. 나는 다음을 위한 메모보다 당장의 재미를 놓치지 못하는 나약한 성미다. 게다가 그럴 때마다 실현도 못하는 나만의 허망한 핑계에 안주하는 버릇이 있다.

내 머리 속엔 좋은 책은 세 번은 읽어야 하는 것으로 입력되어 있다. 첫 번째는 내리읽고, 두 번째는 사전 찾아 적어가며 읽고, 세 번째는 그것을 적용하면서 정독하는 것이다. 중학교 은사님의 가르침이다. 나는 이를 읽기의 바른 방법으로 이해하고 있다. 그럼에도 불구하고 실제로 시행해 보기는 서너 권에 불과하다. 그런 주제에 읽기의 흥이 메모 때문에 흔들린다 싶으면 이 책은 꼭 세 번 읽어야지 하는 실없는 다짐을 하곤, 편안한 내리읽기에 빠진다. 그러나 그 다짐은 곧 자동모터처럼 다음 책에 묻히고 만다. 이래저래 나의 메모는 부실하고 미흡하기 이를 데 없다.

내 수필 쓰기는 그래서 엉성한 대로 내 기억의 자료들이 그 밑천이 되고 있다. 어떤 계기에 쓸 만한 얘기가 문득 떠오르면 나는 먼저 어떻게 시작할 것인가를 궁리한다. '시작이 반'이란 말대로 시작이 좋아야 얘기가 잘 풀리고 마무리가 산뜻해진다. 시작과 마무리를 함께 헤아리면 펼치는 얘기의 가지치기가 한결 수월해진다. 전하고 싶은 뜻이 간결해지고 제목도 자연스럽게 떠오른다.

이상하게도 잘 풀리지 않을 때가 있다. 꼭 써보고 싶은 사연인데 시작도 끝도 문득 잡히지 않는다. 뜻도 이것 같기도 하고 저것 같기도 하다. 그럴 때 제목이 짧은 것이라 해서 쉽게 골라지겠는가. 당연히 더 불을 지피고 뜸을 들여야 할 일이다. 그런데도 가끔 나는 밀어붙이는 만용을 부린다. 순서대로 사연을 쓰고 본다. 억지로 의미를 덧씌우고 제목도 붙인다. 무던하다 싶을 때도 전혀 없진 않지만 그것은 결국 거의가 선 밥이 되고 만다.

내 '세 번 읽기'의 생각을 쓰기에 적용해 보면 제법 그럴듯하다. 첫 번째는 구상한 바를 그냥 내리쓰고, 두 번째는 법안 축조심의逐條審議하듯 단락 등의 내용을 고쳐 쓰고, 세 번째는 문학적 시각에서 자구수정字句修正 등 가벼운 윤문潤文으로 마무리를 하는 것이다. 그러나 실제에 있어서 나는 그런 질서를 따라보지 못하고 있다.

제목만 해도 그렇다. 특별한 사정이 없는 한 먼저 정해진다. 주제와 연관되든 소재와 이어지든 상징적 분위기가 함축되든, 쓰기에 앞서 구상이라는 게 있는 한 그 이름은 붙여지게 마련이다. 그런데도 적당한 이름을 찾지 못해 사후에 짓게 되는 경우도 있으며 심지어는 지었던 이름을 다시 바꾸기도 한다. 말처럼 쉽지 않은 게 제목 붙이기다.

나의 수필 쓰기는 두, 세 번째가 뒤엉킨 상태라 할 수 있다. 내리쓰기를 바로 하지 못하고 한 단락 한 단락을 나름대로 따지고 다듬고 법석을 떤다. 그런 후에야 다음 단락으로 넘어간다. 이윽고 다 되었다고 후련한 마음이 되어 내리읽으면 나도 몰래 탄식이 터진다. 문득문득 멈춰진 탓이다. 어떤 대목은 뭉쳐지고 어떤 곳은 처지기도 해서 리듬이 맞지 않는다. 두서너 번째의 손질이 다시 이어진다, 그것도 몇 차례나. 그러다간 지친다. 그게 한계가 아닌가 싶을 때 '아이고 모르겠다.' 하고 펜을 내던진다. 그렇게 나는 굼뜬 편이다.

나의 수필 쓰기는 산 오르기다. 산은 산만이 산이 아니라 내 앞을 가로막는 것은 다 산이다. 읽어야 할 책도 산이요, 직무도 산이다. 일상의 크고 작은 문제들도 산이다. 나는 그 같은 산들을 오를 때마다 덤비지 않는다. 싸목싸목 힘을 태워 오른다. 마침내 다 오르지 못한다 할지라도 서둘지 않는다. 산굽이 물굽이를 돌 때마다 되돌아보고 고갯마루에 오를 때마다 온 길은 굽어보고 또 오를 고개를 쳐다보며 쉬어 넘는 그 서정에 자족한다. 나의 수필은 바로 이런 오르기며 돌아보기다.

(2000)

수필과 더불어

문학 중에서도 수필을

나는 책 읽기를 좋아했다. 그것이 문학을 하게 된 동기다. 문학 중에서 꼭 수필을 해야겠다고 다짐했던 일은 없다. 그런데도 중학교 시절부터 교지나 신문에 글이랍시고 게재된 것은 다 수필이었다. 소질이 있었던 건지, 쓰기가 편했던 건지는 알 수 없으나 문단에도 수필로 등단했다. 시점을 문학에 두고 본다면 나의 일생은 바로 '수필과 더불어'라고 할 수 있다.

'90년, 병천고등학교에서 김용우 시인을 만났다. 김 시인은 내게 홍동중학교에 근무 하는 김영배 교장을 소개했다. '문학하는 입장'의 특별한 소개였다. 김 교장은 바로 나를 대전·충남수필

문학회로 이끌었다. '91년에 수필문우회가 창립 10주년 기념으로, '한 · 중 · 일 수필문학 국제심포지엄을 열 때도 김 교장은 거의 강제로 나를 데리고 갔다. 그 곳에서의 자극이 내 문단 진출의 계기가 되었다.

'최 형이 어쩐 일이냐'고 반가이 손을 잡은 분이 있었다. 정봉구 선생이었다. 나는 웃으면서 그냥 고개만 숙였다. 재빨리 김 교장이 과장된 현황을 얘기했다. 그런 식으로 몇몇 저명한 분들과도 인사를 나누었다. 또 하나 반가웠던 것은 오랜만에 수필가 이병남 선생의 정연한 사회司會 솜씨를 보고 들은 일이었다. 한때 책상을 나란히 했던 인연도 있어 더욱 자랑스럽게 느껴졌다.

내게도 글을 좀 보여 달라는 정 선생의 따뜻한 요청이 있었다. 밑천을 다 털어 겨우 다섯 편을 우송했다. 종무소식이었다. 그런데도 나는 염치없게 촌평과 윤문潤文까지를 기대했었다. 체념이 살이 될 즈음에 정 선생이 잠을 깨우듯 전화를 했다. 등단 절차를 밟을 것인지 그냥 쓸 것인지를 묻는 내용이었다. 나는 내가 그냥 글을 쓸 수 있는 명사가 아닌 터라 수준만 된다면 정식 절차를 밟고 싶다고 말했다.

그리하여 우송된 작품 중의 하나인 <하숙생>이 91년 ≪隨筆公苑≫ 가을호에, 또 다른 하나인 <인생은 산보처럼>이 겨울호에 각각 추천이 되었다. 뜻밖에 박연구 선생이 등단소감과 사진을 보내라고 했다. 실감이 나지 않았다. 기쁘기도 하고 두렵기도 하고 허망하기도 했다.

정 선생이 내 원고를 아마도 박 선생에게 다 넘겨준 것 같았다.

박 선생은 친절하게도 나머지 세 편을 각각 다른 잡지에 보내 고료까지 안겨 주었다. 문인이란 이름으로 처음 받아 본 흐뭇한 고료였다. <친구 이야기>, <꿈 이야기>, <할아버지와 손자> 등이 바로 그것이다.

등단패를 받고 각종 행사에도 참여

한국수필문학진흥회의 수필문학상 시상식에 참석하라는 통보를 받았다. 신인들의 등단 기념패도 그 자리에서 주어진다고 했다. '91년 3월 28일 3시, 문예진흥원 강당에서였다. 서둘렀는데도 중간에서 교통이 막혀 늦게 참여하게 되었다. 김채은 선생이 두리번거리는 나를 확인하고 박 선생에게 인도했다. 박 선생은 당신 가슴의 꽃을 재빨리 내게 꽂고 특별히 기념패 수여의 차례를 챙겨주었다.

≪隨筆公苑≫지 출신만으로 조직된 수필산책문학회가 있었다. 임원은 회장 김영만, 부회장 김용복, 김남순, 총무 김채은 여러 선생이었다. 지체 없이 가입했다. 매 분기 첫 토요일이 정례모임이었다. 모임 때마다 나는 뒤에 앉아서 여러 얘기를 경청했다.

동인지를 내고 있었다. 이미 첫 작품집 ≪귀를 열면 마음이 열리고≫(범우사, '90)가 나와 있었다. 동인지는 지난해에 낸 ≪마루가 있는 집≫(생명의 나무. '99) 까지 그 동안 도합 일곱 권을 내었다. '98년 내가 회장이 된 후, 동인 상호간의 문학적 징검다리 구실을 꾀하는 소식지 ≪수필산책≫을 분기별로 편집했다.

이경애, 오병훈 두 문우의 헌신적인 봉사를 잊을 수 없다.

강경여중으로 자리를 옮긴 김영배 교장이 어느 날, 차를 몰고 내려오라고 했다. 부랴부랴 달려갔다. 뜻밖에 장백일, 강석호 두 분 선생이 와 있었다. 문명으로는 익히 알고 있었지만 자리를 같이하기는 처음이었다. 세 분은 전에도 이런 정의를 나누었음인지 회고조의 화제들이 풍성했다. 그걸 듣는 것만으로도 재미가 있었다. 강경천 포구인 황산나루로 자리를 옮겼다. 호수자락 같기도 하고 바다 기슭 같기도 한, 확 트인 전망이 술의 서정을 한결 그윽하게 했다. 관촉사를 거쳐 신원사 계곡에 이르러선 자연스럽게 하동으로 회귀하고 말았다. 그날 밤, 김 교장 댁은 이슥토록 불이 꺼질 줄 몰랐다.

나는 강 선생이 발행하는 ≪隨筆文學≫의 독자가 되었다. 그리고 그의 각종 행사에도 참여하여 많은 분들을 사귀었다. 김 교장은 ≪한국수필≫과 ≪현대수필≫에도 같은 방법으로 나의 행동 반경을 넓혀주었다.

내가 여수여고에 재직할 때 정인자라는 깐깐한 문학소녀가 있었다. 그녀는 ≪월간문학≫을 통해서 등단한 작가로 이제 다정한 문우가 되었다. ≪수필과비평≫을 주관하는 정주환 선생이 그녀의 그 문심을 꽃피워준 분이다. 그런 인연으로 정주환 선생과 나는 가까운 사이가 되었다. 정 선생이 주관하는 여러 행사에도 참여하게 되었다. 그 덕에 김종, 김학, 한상렬, 라대곤 선생 등과도 술잔을 돌리는 정을 나누었다.

≪계간수필≫을 내는 수필문우회의 일원이 되었다. 월례 작품

합평회는 항상 진지했다. 깔끔하게 토론을 이끄는 허세욱 선생의 능숙한 솜씨에 우선 고개가 수그러졌다. 돌아가면서 한마디씩 해야 하는 평은 아무래도 겹치고 방만해지기 쉬운데 이를 정연하게 간추려주었다. 김태길 회장의 마지막 총평은 기지 넘친 압권이었다.

기다려지는 뒤풀이의 서정도 흐뭇했다. 나는 주제넘게 주류酒流 쪽에 끼여 박재식, 정진권, 강호형 선생을 보좌했다. 그런데도 왜 그리 노상 즐거운지!

내 출신지出身誌인 ≪隨筆公苑≫은 '99년 봄호부터 ≪에세이문학≫으로 그 제호를 바꾸고 편집진도 다시 짰다. 뒷받침하는 한국수필문학진흥회 진영도 많이 바뀌었다. 그에 부응하기 위한 노력들이 꽤나 진지하다.

수필의 형상화와 일탈성

수필과 연관된 내 얘기 몇 토막을 기략해 보았다. 마무리 겸해 수필에 관한 평소의 생각을 한마디 부연하고 싶다.

수필이 어차피 자기 고백적, 자기 관조적 문학이라면 그것은 큰 의미의 자기라는 울을 벗어날 수 없다. 신변의 이야기가 그 본령이라면 틀린 말이 될까. 걸핏하면 문우 사이에서도 이른바 '신변잡기' 운운한다. 그러나 그 분의 글을 보아도 거의 오십 보 백 보다. 문제는 어떻게 그 '잡기'를 '순기純記'라고 할까, '본기本紀'라고 할까, 그런 비잡기非雜記로 격을 달리할 수 있느냐가 문제다.

그것은 결국 형상화의 문제가 아닐까. 일상의 경험 영역이 됐건, 그에 터한 상상이 됐건, 독자에게 감동을 줄 수 있는 형상화의 능력, 그것이야말로 바로 그 요체라 할 것이다. 그 출발은 뭐니 뭐니 해도 날렵하고 정확한 문장력이 아닐까. 어제 생기고 오늘 생긴 하찮은 얘기도 어떤 사람 입정에만 오르면 희로애락이 듬뿍 쏟아지는, 말 잘하는 이웃이 있다. '잡기'의 극복은 바로 그런 데서 시사를 받아야 하지 않을까.

의사, 변호사, 등산가 등과 같이 직종이나 취미가 다르다 보면 그 신변의 이야기도 다를 수밖에 없다. 그들이 쓴 수필은 거의 '~에 관한 수필'로 전문성이 짙어진다. 그러나 그렇게 되면 자칫 수필이 갖는 일탈성이 제약되는 경우도 없지 않을 것이다.

나는 거기서도 자유로운 확 트인 자세로 수필과 더불어 해로하고 싶다.

(2000)

미래 수필, 그 변화와 수용

변화는 틀을 깬 융화다

새 천년! 하루가 다르게 세상이 변하고 있다. 아니, 변해야 산다고 아우성이다. 과연 컴퓨터 통신의 발달은 세계의 시공을 날로 좁히고 있다. 지구 반대편에 있는 사람과도 실시간實時間에 자유롭게 얘기할 수 있고, 영상 속의 인물과도 함께 공연할 수 있는, 그런 세상이 온 것이다. 그만큼 새로운 것들에 대한 관심이 높아지고 다양해지고 있다. 보다 빨리 보다 많이 이를 수용하지 못하면 경쟁에 뒤질 수밖에 없고, 살아남을 수도 없다는, 그런 각박성이 우리를 초초하게 밀어대고 있다.

변화란 기존의 틀을 깨고 새로운 것을 도입하는 일이다. 낡은 것과 새로운 것의 접목일 수도 있고 혼합일 수도 있다. 융합일 수도 있고 융화일 수도 있다. 그 다채로운 변화 속에는 신선하기도 하고 파격적인 것 같기도 한 어설픔이 함께 도사리고 있다. 도무지 어울릴 것 같지 않은 그런 이질적인 요소들이 어느새 순치되고 아름다움까지 부각시키기도 한다. 음식, 옷치장, 집 구조 등 일상적인 삶에서부터 모든 영역에 이르기까지 그 같은 변화의 물결은 하염없이 높아지고 있다.

대중식당에 가면 '부대찌개'라는 음식이 있다. 나는 아직 그걸 먹어보지 못했다. 6·25 전쟁 당시, 미군부대의 음식 찌꺼기로 끓인 이른바 '꿀꿀이죽'이 연상되어서다. 신세대들은 무척 좋아한다고 알고 있다. 소시지, 햄, 김치, 양파, 호박, 콩나물, 고추장, 고춧가루, 다진 마늘 등등을 뒤섞은, 맛과 자양이 풍부한 음식으로 기호에 따라 치즈나 라면 사리를 넣기도 한단다. 동서양의 맛이 함께 얼려 제3의 새 맛을 우려낸 점에서 인기가 높다는 것이다. 이런 융합의 변화가 어찌 '부대찌개'에 한하겠는가.

젊은 연예인들의 알록달록한 두발, 아리송한 의상들도 마찬가지다. 자꾸 보는 동안 거북스런 첫인상과는 달리 묘한 아름다움이 느껴진다. 동남아나 아프리카의 어느 오지에서 본 것도 같은 생동감이 넘친다. 사실, 우리는 개국 이래 서양의 생활양식을 거의 분별없이 수용해 온 셈이다. 정작 우리 패션, 우리 인테리어는 그것들에 잠식되고 동화되어 버린 형편이다. 주택의 아파트화와 더불어 서양식 침대와 욕실, 서양식 거실과 부엌은 기본이 되었고 의복은 양복이 오히려 우리 것이 된 지 오래지 않는가. 한복은 언제부터인가 명절이나 결혼식 같은 때 입는 예복이 되었다.

그나마 존속되고 있는 걸 다행이라 해야 할까. 서양에서는 지금 여러 영역에서 동양적인 요소를 다투어 끌어들이고 있다 한다. 새로운 융합의 변화를 추구하는 것이다. 우리는 그것을 또 최신의 것으로 받아들여야 하니 참으로 역설적이기도 하다.

서로 어울릴 것 같지 않은 일상적인 요소나 형태들이 합쳐진 후 오히려 더욱 편리하고 편안한 경우를 번번이 겪고 있지만 이러한 사정은 대중예술 쪽에서 한결 농도를 더한다.

영상매체의 눈부신 부상은 영화 예술에 심대한 영향을 끼치고 있다. 저마다의 특유한 틀에 열린 정보를 바탕으로 다양한 접목과 융화가 이루어지고 있다. 새로움을 창도하는, 말하자면 또 다른 장르를 만들어 내고 있는 것이다. 우리 영화사상 크게 성공한 <쉬리>가 바로 그런 예라 하겠다. <쉬리>는 여러 장르에서 필요한 요소들을 엄선하여 골격을 세우고 알맞게 살을 붙인 작품이다. 민족의 비원이 서린 분단이라는 민감한 소재를 뼈대로 세워 액션과 첩보 스타일을 앞세우면서도 정작 이야기의 힘은 멜로에서 찾는, 절묘한 융합을 이루어 낸 것이다.

음악 상호간의 교류는 여러 영역에서 활발하다. 엄격한 클래식을 팝의 입장에서 풀어 연주한 <Hooked On Classic> 음반 시리즈 같은 게 그 대표적인 예다. <향수>를 대중가수 이동원과 오페라 가수 박인수가 절을 바꾸어 부르고 마지막을 합창으로 마감한 것도 다 같은 맥락이다. 박상민은 트로트 서정에 강렬한 록을 융합한 이른바 '록뽕'이라는 새로운 장르를 만든 바 있다. 국악과 양악과의 협연도 또 다른 아름다움을 찾는 융화의 일환이다.

영상매체인 TV는 그 속성상 변화가 다채롭게 마련이다. 이질적인 것의 적절한 융합물이 그래서 인기가 높다. 드라마와 코미디를 혼합한 <테마게임 쇼>, 쇼와 오락 그리고 교양을 뒤섞은 <칭찬합시다>, 정보와 쇼를 혼합한 <머리가 좋아지는 TV> 등의 프로그램이 시청률을 높이고 있다. 그만큼 새로운 변화를 요구하는 대중 심리를 읽을 수 있었던 탓이다.

미술에 있어서도 화폭과 장르를 뛰어넘는 다채로운 융합이 이루어지고 있다. 설치미술이니 행위미술이니 하는 영역의 확대와 더불어 노래와 괴성과 밴드까지도 동원되고 있다. 광주비엔날레는 그 같은 미술의 변화를 잘 보여 주고 있다. 1회 때의 '경계를 넘어서' 2회 때의 '지구의 여백', 3회 때의 '人+間'에 이르기까지의 주제들이 현대 미술의 다양한 흐름을 잇고 있다.

인터넷 시대를 어떻게 수용할 것인가

인터넷은 첨단의 전자매체다. 인터넷 시대가 본격화되면서 그 위력 앞에 과연 문학이 존속할 수 있을 것인지, 걱정하는 목소리들이 있다. 더구나 작가가 아닌 사람들이 재빨리 홈페이지를 개설하고 멋대로 작품을 띄우는가 하면 평론가가 아닌 사람들이 낙서 같은 비평을 마구 갈겨대는 사태에 이르러서는 어안이 벙벙해진다. 일부 식자들은 '구텐베르크식 활자문화의 종언'을 선언한 마샬 맥루안까지를 끌어다 붙이면서 고개를 갸우뚱거리기도 한다.

그러나 성급히 불안해 할 일은 아니다. 매체가 다층화되면서 각각 떨어져 있었던 종래의 시각매체, 청각매체, 문자매체 등이 상호 보완적으로 하나가 되는 과정에서 문자매체의 역할이 홀연 축소된 것같이 느껴진 건 사실이다. 그만큼 시각·청각 매체가 강렬해진 탓이다. 종래의 주도적 매체였던 문자매체가 그 주도권을 협력의 일환으로 내놓게 된 탓이다. 그런 상황 공간에 새로운 문학이 뜨고 있는 것이다. 이것이 바로 사이버문학이다.

'구텐베르크식 활자문화의 종언론'은 이 사이버문학과는 직접적인 연관이 없다. 마샬 맥루안은 초기 영상시대의 선구자로 인터넷을 몰랐던 사람이다. 평화롭게 살던 원시부족이 문자를 알게 된 순간 오히려 반목과 혼란이 야기된 사실에 주목하여 문자뿐 아니라 음성을 언어로 바꾸어 놓은 '구텐베르크적인 환경'을 거부하는 선언이었기 때문이다.

사이버 문학이란 컴퓨터의 PC통신이나 인터넷 공간, 바로 그 스페이스에 쓰여지고 읽혀지는 문학을 말한다. 종래의 종이 공간에서 컴퓨터 스크린으로 문학행위가 옮겨진 것이다. 그러나 단순한 그 전이는 별 의미가 없다. 사이버 문학의 전자 글쓰기는 인터넷이라는 매체를 통해서, 작가나 독자가 다 같이 새로운 미적 경험을 다채롭게 할 수 있는 그런 문학이기 때문이다. 미국을 비롯한 선진국에서는 그런 점을 착안하여 기존의 텍스트 개념을 초월한 하이퍼텍스트라는 컴퓨터를 만들었다 한다. 그 기능으로 독특한 하이퍼텍스트 문학을 활발하게 추진하고 있다는 것이다.

그런 시각에서 보면 우리의 경우는 아직 얘기할 수준이 못 되는 형편이다. 그럴 만한 텍스트 하나도 아직 나오지 못하고 있기 때문이다. 뮤직비디오 같은 시, 영화 같은 소설을 볼 날도 멀지 않았는데 작가들은 여전히 눈에 보이지 않는 서정이나 이야기를 구텐베르크식의 활자를 통한 형상화에만 급급하고 있다는 것이다. 더구나 외국에서는 이미 없어져 버린 단편 소설이나 중편 소설이 우리나라에서는 여전히 건재하고, 같은 픽션인데도 순수문예이니, 대중문학이니 하는 시비가 끊이지 않고 있으니 그런 고루함을 그대로 두고 과연 새 천년을 얘기할 수 있느냐는 비판적 성찰도 나오고 있다.

그러나 밀어닥친 밀물을 어찌하랴. 작가들이 인터넷 공부를 서두를 수밖에 없지 않는가. 인터넷 문학 행위에 따른 전문적 지식과 기술을 하루속히 익혀야 한다. 작가이면서 프로듀서, 엔지니어, 디자이너의 역할을 겸비하는, 그야말로 융화의 전인이 되어야 하는 것이다. 그리하여 사이버문학을 일반화하고 우리 문학의 보수성을 뛰어넘어야 한다. 인터넷을 통한 새로운 상상력으로 새로운 문학을 발전시켜 항상 현실적인 인력에서 벗어난 완벽한 즐거움을 우리 모두 공유하게 해야 할 것이다.

수필, 어떻게 바뀌어야 할 것인가

이상에서, 나는 변해야 사는 세상에 있어서의 융합을 얘기하고 첨단을 내닫는 사이버문학에 관한 우리의 사정을 기략했다.

그런 시각에서 수필을 생각하면 좀 답답해진다. 수필도 살아남기 위해서는 영역과 장르를 넘는 변화가 있어야 하겠고 사이버 공간에서의 전자 글쓰기를 할 수 있는 텍스트도 걱정해야 하기 때문이다. 편의상 먼저 수필의 속성을 성찰하고 변화의 가능성을 살펴 거기 담을 수 있는 내용들을 정리해 보기로 한다.

수필은 자기중심의 문학이다. 쓰는 사람과 쓰이는 대상이 바로 자기다. 담는 내용도 자기 이야기다. 글도 자기 얼굴 같은 스타일이다. 자기가 자기 사연을, 자기 문체로 드러내는 문학이 곧 수필이다. 자기 고백적, 자기 관조적 인격의 문학이라는 말도 그래서 나온 말이다. 누구나 내키는 대로 쓸 수 있는 시답잖은 '신변잡기'라는 폄하도 그래서 나온 말이다. 다른 문학의 장르와는 달이 '허구의 문제'가 노상 논란의 대상이 된 것도 다 그런 연유 때문이다.

수필을 읽는다는 것은 읽는 사람이 쓴 사람의 사적인 고백이나 관조를 조용히 듣는 일이다. 쓴 사람이 읽는 사람의 개인적 심금에 동정과 공감을 불러일으키는 만남이기도 하다. 그것은 서정적·인지적 감동일 수도 있고, 교양이나 깨침의 계기일 수도 있고, 글의 수사학적인 면일 수도 있다. 그러나 그것이 그렇게 되려면 그 내용이 단순한 사실만의 기록이어서는 안 된다. 그 속에는 무엇인가 새로운 의미, 새로운 흥미가 함축되어 있어야 한다. 쓰는 사람과 읽는 사람이 그렇게 조응하게 될 때 수필은 제대로 읽히는 것이 된다. 그러나 누가 언제까지 그런 글 읽기에 마주앉아 있을 것인가. 새 천년, 새 세기의 흐름대로 영역을 넘어, 장르를 넘어 새로운 융합의 길을 모색할 수는 없을까. 인터넷의 사이버 공간이 촉발하는 그 다함없는 상상을 수용할 수는 없을까.

이옥자의 풍자 에세이 <요지경 열두 마당>은 그런 의미에서 신선한 충격이다. 전통적인 풍자 문학의 틀을 과감히 끌어들인 점에서도 그렇고 그 과정에서 대부분의 시인들도 외면해 버린 3·4, 4·4조의 외재율을 씩씩하게 살려낸 점에서도 그렇다. 훌륭한 마당극을 보았을 때의 후련함이다. 그러나 수필은 어디까지나 산문 문학이다. 그런 시각에서 보면 이건 엄청난 도전이다. 그렇지만 시에도 수필의 한 문절 같은 시가 얼마든지 있지 않던가.

수필에 무엇을 담을 것인가 하는 문제는 그것을 읽는 사람들이 주로 어느 계층에 속하는가 하는 문제와 연관된다. 두 가지를 다 간단히 말할 수는 없지만 우리는 개발 초기에 많은 생산직 근로자들이 손에 손에 수필집을 끼고 다녔던 사실을 기억하고 있다. 지금 그 현장을 가본다면 사정이 많이 달라져 있다. 그런 현상은 그대로 수필의 진로를 시사한 것이라고 보아도 좋을 것이다.

나이든 사람들은 종래의 수필을 그런대로 좋아할 것이다. 그러나 젊은 사람들은 컴퓨터 세대답게 그 사이버 공간에서 만들어지는 무궁무진한 세계와 교감하고 융합된, 그런 내용의 수필을 선호할 것이다. 사이버 문학의 일환으로 그 공간을 빚어내려고 앞장설 것이다. 우리 수필이 풀어야 할 과제가 아닌가 한다.

끝으로 아무리 다중매체가 엄청난 것이라 해도 언어매체에 의한 문학은 죽지 않을 것임을 밝히고 싶다. 문학의 이미지는 심상이다. 시각 · 청각의 이미지가 직접 보고 듣는 이미지라면 심상은 활자언어를 매체로 한 간접적인 이미지다. 그러므로 심상은 쓰는 사람이나 읽는 사람의 수준, 분위기, 자세에 따라 그 모습이 달라진다. 쓰는 사람은 쓰는 대상과의 사이에서, 읽는 사람은 쓴 사람과의 사이에서 보다 아름다운, 가치로운, 진실한 것들을 이끌어 내기 위해 최대한 상상력을 발현해야 한다. 그 과정에서 얻어지는 감동은 그냥 받아들여지는 감동이 아니다. 그것이야말로 스스로 만들어 가는 창조적인 감동이다. 생명이 붙어 있는 한, 사람들은 그 감동을 포기할 수 없을 것이다.

(2000)

여로의 문학

– 김붕구의 수필 –

1. 들어서며

수필과 에세이는 같은 것인가, 다른 것인가? 김붕구의 글을 대하면 그런 의념과 함께 새삼 그에 대한 정리의 필요성을 느낀다. 누가 보아도 어김없는 한 편의 수필을, 틀림없는 일문의 비평을 그는 구분 없이 에세이라는 이름으로 한 책에 담고 있기 때문이다.

> 보통 수필이라 하면, 붓 가는 대로 자유로이 견문, 체험, 감상, 소론 등을 써 모은 것으로 그 내용도 일기적, 기행적, 감상적, 사색적, 고증적인 것 등등으로 실로 가지가지 각도에 걸치는 것이다.
> 에세이라고 하는 것도 보통 자기의 감정을 때에 따라 생각나는 대로 서술한 산문이라 할 수 있는 것으로, 그 형태를 크게

> 나누어 주지적, 객관적인 학술상의 논문에 가까운 것과 주정적, 주관적인 문예작품적인 것으로 대별할 수 있다고 보는 것이 상식이다.
> 하나 현행 우리 문단에서는 전자의 것보다는 오히려 후자의 것을 수필문학으로 취급하는 것이 상례로 되어 있다.
> - 김열규, 국문학상에서 본 수필문학

위의 논지에 따르면 김봉구의 글은 '사색적, 고증적인 소론'을 쓴 수필이기도 하고, 그 형태가 '주지적, 객관적인 학술상의 논문에 가까운' 에세이이기도 하다. 그러나 우리 문단에서 '주정적, 주관적인 문예작품적인 것을 수필문학으로 취급하는 것이 상례'인 점을 고려하면 수필이라기보다는 에세이라고 해야 옳다.

다시 김춘수의 견해를 들어본다.

> 에세이는 … 수필이라는 한문자가 의미하는 바와 … 다른 또 일면을 가지고 있는 것이다. 그것은 소론이니 소고니 하는 말로 불려진다. … 철학적인 또는 사상적인 것을 논리적으로 체계화하지 않고 단편적으로 적은 글을 말한다. …
> 에세이가 대상하는 대상은 … 인간이 생각할 수 있는 모든 것이다. … 각 과학은 그 과학에 관한 에세이를 가질 수 있다. 철학에 관한, 자연과학에 관한, 문학에 관한 에세이를 가질 수 있는 것이다.
> 우리나라에서처럼 문예평론이라는 것이 10~30매 정도의 단편적인 짧은 문장으로 잡지나 신문에 게재하는 경우는 더 말할 나위도 없이 문예평론은 문예에 관한 에세이인 것이다.
> - 김춘추, 에세이와 현대정신

수필이 '가지가지의 각도에 걸치는 것'이라는 김열규의 견해나 에세이의 대상이 '인간이 생각할 수 있는 모든 것'이란 김춘수의 설명이나 사실 비슷한 말이다. 그러고 보면 수필이란 말을 영역한 것이 에세이인지, 에세이를 우리말로 옮긴 것이 수필인지 아리송해진다.

그러나 무릇 체계화하지 않는 단편적인 소론, 소고 따위를 '…에 관한 에세이'로 규정한 김춘수의 설명은 명쾌하다. 그것은 '우리 문단에서 주정적, 주관적인 문예작품적인 것을 수필문학으로 취급하는 상례'에 비하면 한결 그 폭이 넓다. 그리하여 잡지나 신문에 게재하는 10~30매 정도의 단편적 평론은 말할 나위도 없이 문예에 관한 에세이라고 규정한다. 그런 시각에서 보면 수필은 에세이 속에 내포된 작은 범주의, 같은 장르 같기도 하다.

김붕구의 글은 그런 의미에서 <여수>('69), <개 족보와 핵가족>('72), <관악골짜기의 영춘곡>('79) 등 약간의 작품을 제외하곤 수필이라기보다는 주제가 있는, 문예에 관한, 특히 '불문학에 관한 에세이'라고 해야 맥락이 선다. 에세이집 ≪서울과 파리의 마로니에≫('79) 는 말할 것도 없고, 평론집인 ≪現實과 文學의 秘苑≫('62), ≪佛文學散考≫('58)도 저자 자신이 다 에세이집으로 분류하고 있다.

2. 에세이의 목장과 용어 바꾸기

현실을 살면서도 항상 또 다른 현실을 추구하는 것이 우리 삶이다. 의식주에 쫓기면서도 보다 가치 있는 삶을 찾고 아름다운 서정에 안기고 싶어 하는 것이 바로 우리 인생이다. 문학하는 사람들은 그런 의미에서 '사회인, 생활인으로서 몸담고 사는 1차적 현실세계'를 살면서 2차적으로는 '상상 · 추상 · 재구성의 세계, 혹은 그것으로 빚어진 작품들과 그 밖의 자신의 추억 · 연상 · 몽상의 세계'를 사는, 말하자면 이중구조를 누리고 있는 것이다.

말이 이중구조지 2차적 세계에 생애를 건 사람들은 거의 1차적 세계의 삶을 최소화한 편향된 사람들이다. 물질적 가난을 감내하면서 고달픈 그 도정을 허위허위 달리는 사람들이다. 그러나 그들은 그것이 아무리 힘들고 어려워도 그렇기 때문에 더욱 그 속에서 그들만의 풍성한 삶의 보람을, 진선미를 만끽하고 있다 할 것이다.

프랑스 문학의 세계를 제2의 시 · 공으로 삼고, 그에 생애를 건 김붕구는 스스로 그 도정을 참으로 '멀고 먼 문학의 여로'라고 피력한다. 그리하여 그는 자신의 존재와 기능을 작가의식의 재인식, 경험의 재경험을 통한 축적 속에 세우면서 "그 동안 설악이나 서귀포, 혹은 소금강 같은 절경에 심취되어 꽤 오래 머무르며 탐방한 것도 더러 있어… 그때그때 메모한 것들, 이를테면 '여로 수첩' 같은 것도 꽤 많이 쌓여 있다." 고 저간의 사정을 털어놓는다.

그러나 그는 그 과정 속에서 제1, 제2의 시 · 공이 말처럼 확연히 분리되지 않는 흐릿하고 애매한 현실을 경험한다. 그리고 주목할 만한 증언을 한다.

그렇게 절연히 갈라놓을 수 있는 것은 관념뿐이고, 실제로는 그 경계도 모호하려니와, 서로 넘쳐 침범하거나 서로 배어드는 중간지대가 있다. 순수와 권위를 고수하려는 (의식적이 아니라도 대개는 습관에 끌려) 창작과 비평 양쪽이 모두 무시(혹은 멸시)하거나 기피하는 그 중간지대가 바로 문학 '에세이'가 즐겨 차지하는 안성맞춤의 목장이다.

– 二重의 時·空, 머리말을 겸하여

중간지대? 그게 문학 '에세이'의 목장이라고? 그렇다면 그의 '멀고 먼 문학의 여로'에서 그가 심취되어 그때그때 메모한 것들은 다 무엇이며 어찌된 것인가? 그것은 순수와 권위를 고수하려는 학문이나 혹은 창작과 비평 쪽에 그 대종을 넘겨주고 이도 저도 아닌 버려진 나머지 것들을 따로 모아 목장을 꾸미고 에세이를 가꾸었다는 뜻이 아닌가. 김붕구는 스스로 그 목장에서 이삭줍듯 에세이를 모았다고 하니, 그의 에세이는 바로 문학이라는 학문의 낙수 아니면 서재의 여적 같은 문학에 관한 편린들임을 쉽게 알 수 있다.

중간지대는 1·2차적 시·공 어느 쪽에나 다 있다. 이삭도 물론 양쪽에서 다 주울 수 있다. 그러나 대체로 전자 쪽이 현실적이고 동태적인 것이라면, 후자 쪽은 관념적이고 정태적인 것이라 할 수 있다. 김붕구의 에세이는 이 두 시·공을 부지런히 넘나들며 현실적이고 동태적인 것에는 관념적이고 정태적인 것을, 관념적이고 정태적인 것에는 현실적이고 동태적인 것을 접목하여 그 격을 조율하고 있다.

> 문학이건 사랑이건… 병으로 끝나지 않고… 생애를 걸게 되면… 그것은 이미 정열만으로 되지 않는 필생의 업이다. … 지속적이고 건실한 말로 용어를 바꾸어야 한다. 용어를 바꾼다는 것은 지식과 현실과의 거래를 체험의 지혜로 조절한다는 뜻이다.
>
> – 소년 시절의 문학 · 사랑

김붕구 에세이의 키워드는 바로 이 용어 바꾸기라 할 수 있다. 지식의 용어와 체험의 용어를 활력 있게 섞바꾸면서 지속적이고 견실한 말을, 아니 그런 이삭을, 그런 감동을 형상화하는 일이다. 예를 들면 다음과 같은 것이다.

> 이가 꾀기 시작했다. … 그것으로도 부족하다는 듯이 구토 설사에 학질까지 걸리고 말았다. 베케트의 ≪고도를 기다리며≫의 거지도 ≪놀이의 끝≫의 쓰레기통에 갇힌 병신들의 몰골이나 처지도 그보다 더할 것은 없으리라.
>
> – 보들레르를 찾아서

6·25 전쟁 당시, 인민군에게 끌려갔을 때의 자신의 참상을 얘기한 대목이다. 그는 휴전 후 그의 문학의 여로에서 베케트를 만나 스스럼없이 이를 대응한다. 독자에겐 베케트를 읽지 않고선 그 깊이를 헤아리기 어렵게 한 일이지만, 달리 보면 그에 대한 호기심을 불러일으키고 설사 읽지 못했다 해도 연상을 통한 그의 일면을 짐작게 한 일이기도 하다.

베케트는 거창한 세계의 부조리 속에서 의미 없이 죽어가고 또 그런 죽음을 기다리는 절망적인 인간의 조건을 니힐(허무)하게 묘사한 작가다. 이른바 반연극의, 아니 누보로망의 선구자이기도 하다. ≪고도를 기다리며≫나 ≪놀이의 끝≫은 희곡이면서도 오히려 움직임이 적고 대화가 없는 희한한 작품이다. 거기 등장하는 거지·병신들의 몰골이나 처지가 처절한 동족상잔의 부조리에 휘말린 김봉구의 절망을 더없이 부각시킨 것이다. 김봉구는 말하자면 그런 정교하고 치밀한 허구의 세계를 자신의 체험에 접목하는, 바로 그 지속적이고 견실한 용어 바꾸기를 한 것이다.

3. 중간지대에 핀 얘기꽃들

이도 저도 아닌, 아니 이것저것 다 포함된 여로의 중간지대란 대체로 잡답한 곳이다. 가파른 길도 벼랑길도 아닌 반반한 공간, 올라온 길을 굽어보고 또 올라갈 길을 추스르는 그런 지점, 버려진 부스러기도 많고 노상 왁자지껄한 곳이다. 김봉구는 그곳에서 잠시 신들메를 풀고 다채로운 작가들의 의식이나 경험을 느긋하게 다시 사는, 에세이라는 얘기꽃들을 피운다. 그 가운데 1·2차 시·공에서 하나씩 주목되는 얘기를 간단히 살펴본다.

먼저 걸출한 여인들과 작가나 시인 혹은 학자들 사이에 얽힌 얘기다.

김봉구는 멀리 프랑스의 첫 단편집 ≪칠일담七日譚≫의 저자이기도 한 나바르 왕비와 시인 클레망 마로와의 관계를 비롯해서 데카르트에게 ≪정열론≫ 집필의 계기를 준 스웨덴의 크리스틴 여왕, 볼테르에게 호화로운 생활 속에서 창작과 연구를 전념케 한 샤틀레 부인, 루소에게 은신처를 제공해준 에피네 부인, 또 ≪신 에로이즈≫를 낳게 한 우드토 부인, 보들레르에게 ≪악의 꽃들≫을 낳게 한 쟌느 뒤발, 마담 사바티에, 마리 도브렁 등등의 사랑과 후원에 대한 이야기를 들먹이고 다음과 같이 말한다.

> 서구사회에서는 … 전근대적인 귀족사회 때부터 유명한 사교계의 귀부인들이 대개 문화의 추진 전위 구실을 하는 학자 예술가들의 거의 공공연한 애인 겸 후원자의 역을 담당한 묘한 전통이 개방의 길을 터놓고 있다.
>
> – 여걸女傑들의 사랑과 재능의 점화點火

과연 19세기 후반, 루 살로메(1861~1937)의 등장은 이를 실증이라도 하듯 구라파 지식인 세계에 파문을 일으킨다. 그녀는 17세의 나이에 벌써 가정을 탈출한 러시아의 한 장군의 딸이다. '뛰어나게 총명하고, 비상하게 격정적이며, 무섭도록 의지 강한 미모의 여걸'로 그녀에게 홀린 당대의 명사가 한둘이 아니다. 40대 후반의 저명한 신학자이자 목사가 무릎을 꿇는가 하면, 그녀를 지도한 취리히 대학 교수들이 줄줄이 경탄 매혹된다. 독일 철학자 레와 니체의 열애, 뒤이은 극작가 하우프트만, 이미 결혼한 젊은 시인 릴케와의 오랜 내연, 끝으로 프로이트, 그 중간에도 언어학자, 고고학자, 의학자들이 즐비했으니 그녀의 편력은 참으로 놀랍고 희한한 일이다. '이 같은 개척자가 있기에 20세기 중엽의 시몬느 드 보봐르와 사르트르의 계약결혼 같은 것도 쉽게 이루어지고 무난히 용납된 것'이라고 김붕구는 풀이한다.

묘한 것은 여걸과 열애한 남성들은 '마치 그녀의 마력에 감전되어 재능과 생명과 활력이 홀연 접선 점화되기라도 하듯이' 명저들을 낸다는 사실이다. 38세의 니체가 21세의 살로메에게 빠진 사랑의 환희, 고뇌, 절망 가운데 ≪짜라투스트라≫를 낸 것이나 보봐르가 사르트르에게 그 접선 점화작용으로 용기를 불어넣고, 역으로 그로부터선 작가로서의 기량을 지도받아 더불어 명성을 얻은 것은 다 같은 맥의 실례에 속한다. 김붕구는 이 같은 시각의 많은 얘기들을 밤 깊은 줄 모르게 들려준다.

다음으로 눈에 띈 건 인텔리 스노브들에 관한 비판이다

2차적 시·공인 문학의 여로를 편력한 지 실로 30여 년, 김붕구는 마침내 그 모태인 1차적 시(1967~68)·공(파리)에 여장을 푼다. 끝없이 펼쳐진 질펀한 평야를 보면서 '이 풍요한 농촌이 떠받들고 있는 이 높은 지대는 차라리 하나의 정상'이라고 느낀다. 과연 그는 '20세기의 소녀 프랑소와즈 사강이 얄팍한 소설 한 권으로 파리의 화제가 되자, 삽시간에 온 세계로, 까마득히 내려다보이는 낮은 지대에까지 퍼져 이목을 집중시킴'을 보고 "계곡의 거목이 아무리 발돋움을 해보았자, 도저히 어깨를 겨룰 수가 없게끔 되어 있다."고 그 높은 지대의 위상을 자조적으로 긍정한다.

그러나 그 높은 지대에서 김붕구는 뜻밖에 저널리즘이 밀착된 문화 표면층의 '지식으로 아는 것'이 판을 치는, 신기취미와 소란

스러운 지랄 같은 현상을 목도한다.

> 말끝마다 '혁명적', '비상한', '아방가르드', '미 제국주의' … 등 그 밖의 그때그때 유행하는 낱말을 입버릇처럼 뇌까림으로써 '진보적' 인텔리인 체하는 부화뇌동배들.
>
> – 인텔리 스노브들과 사회 · 정치

바로 그 무리들이 미국의 월남전을 하루도 거르지 않고 규탄함을 본다. 까마득히 낮은 지대의 일을 파리가 마치 그 동심원의 중심이나 된 듯 여론을 휘몰고 삽시간에 그것이 온 세계로 퍼지는 왁자지껄한 지랄들을 본다. 그리하여 김붕구는 미국을 규탄하는 이른바 '러셀 재판'의 의장직을 맡은 사르트르의 앙가주망을 이런 스노브들에 대한 영합의 일환으로 보며, 그것이 우리 6 · 25 전쟁을 북침으로 몰았던 어처구니없는 실체라고 지적한다. 말만의 참여에 대한 논리와 도식성을 비판한 것이다. 개인주의를 그토록 자랑하는 프랑스에서 왜 걸핏하면 엉뚱한 외곬으로 여론이 몰리는지, 그 부화뇌동의 실상이 얼마나 허황된 것인가를 낱낱이 들춰낸다.

> 고다르 역시… 영화마다 주체와는 전혀 관계없는 월남전 장면을 삽입하는 상투 수법으로… 아니면 전위예술답게 되도록 지루하고, 되도록 무슨 영문인지 모를 장면을 이어 나간다.

> 로브 그리에는 '내 미학은 깊이를 거부한다.' '일체 사물에 대

하여 의미를 주지 않는다.'고 공언한다.

– 인텔리 스노브들과 영화 · 문화

무슨 영문인지 모르기 때문에 오히려 화제가 되고 해설이 붙고 스노브들이 와르르 몰려드는 현실. 깊이를 거부하는 미학에 대해서, 의미를 부여하지 않는 사물에 대해서, 한사코 토막들을 이어대며 무슨 상징이니 무슨 의미니 하며 아는 체 폼을 재는 인텔리스노브들의 그 어설픈 코미디! 김붕구는 바로 그 코미디의 현실을 단호히 비판한다.

4. 마무리

김붕구의 글은 그 대종이 평론 성향의 글이다. 통념적 시각에서 보면 수필이라기보다는 서구적 의미의 에세이다.

그 에세이의 산지는 그가 산 1 · 2차 시 · 공의 중간지대다. 잠시 신들메를 풀고 올라온 길을 굽어보고 또 오를 길을 추스르는 바로 휴식의 목장, 사회적인 나와 창조적인 나가 따스하게 손을 잡는 곳이다. 그래서 얘깃거리가 풍성하다.

방법은 말바꾸기, 1차적 시 · 공의 현실 경험을 2차적 시 · 공의 관념 체계에 접목하여 격을 더하고 역으로도 '머리를 통해 안 것을 현실을 통해 익혀 아는', 말하자면 지속적이고 건실한 말로 그 용어를 바꾸는 것이다. 그의 에세이는 그래서 학문의 낙수, 서재의 여적 같은 '문학에 관한 에세이'가 대종이다.

이런 '…에 관한 에세이' 즉 각 과학의 주제 에세이들을 우리 수필 문단이 어떻게 수용해야 할 것인지는 풀어야 할 과제가 아닌가 싶다.

(1999)

미완의 설치 미술

인쇄 / 2006년 1월 2일
발행 / 2006년 1월 5일

지 은 이 / 최 병 호
펴 낸 이 / 서 정 환
펴 낸 곳 / 수필과비평사

출판등록 / 1984년 8월 17일 제28호
주 소 / 서울시 종로구 익선동 30-6
운현신화타워 빌딩 2층 208호
전 화 / (02) 3675-5633
팩 스 / (02) 3675-5635
전자우편 / shina@shin-a.co.kr
shina321@chol.com

값 9,000원

ISBN 89-5925-090-2 03810